教|师|教|育|系|列|教|材

现代教育技术与应用实验指导

XIAN DAI JIAO YU JI SHU YU YING YONG SHI YAN ZHI DAO

焦中明　赖晓云◎主　编

北京师范大学出版集团
BEIJING NORMAL UNIVERSITY PUBLISHING GROUP
北京师范大学出版社

图书在版编目(CIP)数据

现代教育技术与应用实验指导/焦中明，赖晓云主编.—北京：北京师范大学出版社，2010.10（2011.1 重印）
（教师教育系列教材）
ISBN 978-7-303-11541-9

Ⅰ.①现… Ⅱ.①焦…②赖… Ⅲ.①教育技术学－实验－师资培训－教材 Ⅳ.①G40-057

中国版本图书馆 CIP 数据核字（2010）第 181672 号

营 销 中 心 电 话　010-58802181 58808006
北师大出版社高等教育分社网　http://gaojiao.bnup.com.cn
电 子 信 箱　beishida168@126.com

出版发行：北京师范大学出版社 www.bnup.com.cn
北京新街口外大街 19 号
邮政编码：100875
印　　刷：北京京师印务有限公司
装　　订：三河万利装订厂
经　　销：全国新华书店
开　　本：170 mm × 230 mm
印　　张：8.5
字　　数：138 千字
版　　次：2010 年 10 月第 1 版
印　　次：2011 年 1 月第 2 次印刷
定　　价：15.00 元（含光盘）

策划编辑：路　娜　　　责任编辑：路　娜
美术编辑：毛　佳　　　装帧设计：毛　佳
责任校对：李　菡　　　责任印制：李　啸

目 录

实验一 图像素材的采集与编辑

一、学习目标

1. 熟悉 Windows 操作系统提供的抓图功能，能够捕捉整屏静态画面、活动窗口画面，并进行简单编辑处理。

2. 熟悉从网上获取素材的操作方法，能够使用百度工具下载图片。

3. 熟悉视频帧捕捉的操作方法，能够使用暴风影音软件进行视频帧捕捉。

4. 熟悉图像素材的一些基本编辑方法，能够使用画图软件擦除图像标记，能够使用 Photoshop 软件剪裁图像。

二、训练任务

1. 使用 Windows 操作系统的抓图功能捕捉屏幕画面。

2. 使用 Windows 操作系统的抓图功能捕捉“乌鸦喝水 .swf”动画文件的画面。

3. 使用百度工具下载图片。

4. 使用暴风影音软件捕捉“猫和老鼠 .flv”视频画面。

5. 使用画图软件擦除图片中网址标记。

6. 使用 Photoshop 软件抠出图片中“乌鸦”图像。

三、操作环境

1. 操作系统：Windows XP

2. 工具软件：画图软件；暴风影音软件；Photoshop 软件

1.1 图像素材的采集

1.1.1 屏幕捕捉或屏幕硬拷贝图像

在屏幕上任何时刻的显示画面或者在动态视频播放当中的某一帧，都可以全部或部分捕捉下来，以文件的形式加以保存，这就是所谓的“抓图”。抓图是一种常用的采集图像素材的手段，目前流行的屏幕抓图软件主要有 HyperSnap、屏幕抓图能手等。利用 Windows 操作系统提供的抓图功能也可以有效地抓图，下面介绍其操作方法。

1. 整屏画面的捕捉

当需要保存当前整个屏幕上的画面时，直接按下键盘上的 PrintScreen 按键，整个屏幕的内容就被保存到系统剪贴板中。

图 1-1-1　PrintScreen 按键

打开 Windows 操作系统的“画图”工具。

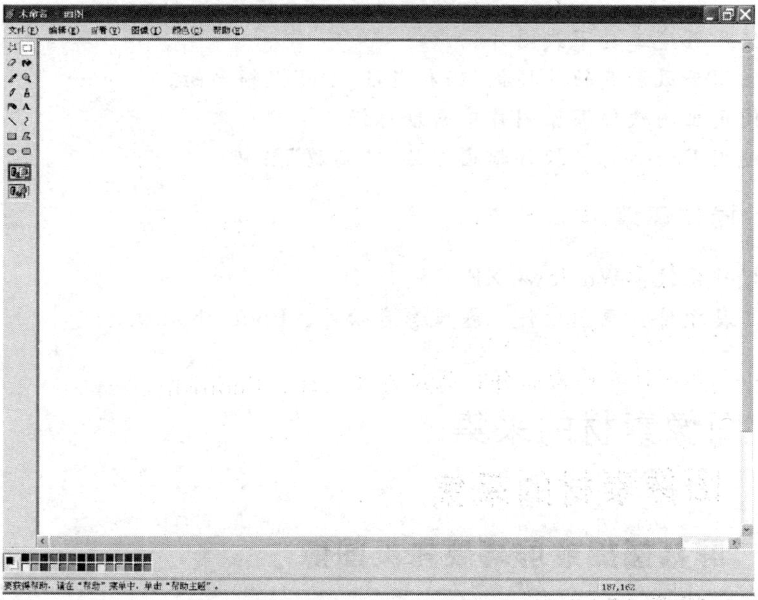

图 1-1-2　“画图”主界面

打开“编辑”菜单的“粘贴”命令，将剪贴板中的内容显示在绘图窗口中。

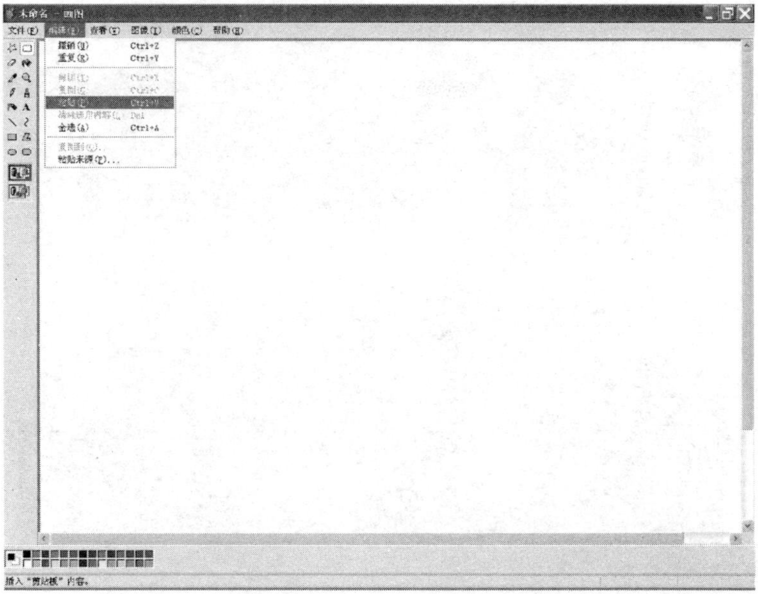

图 1-1-3　选择“粘贴”命令

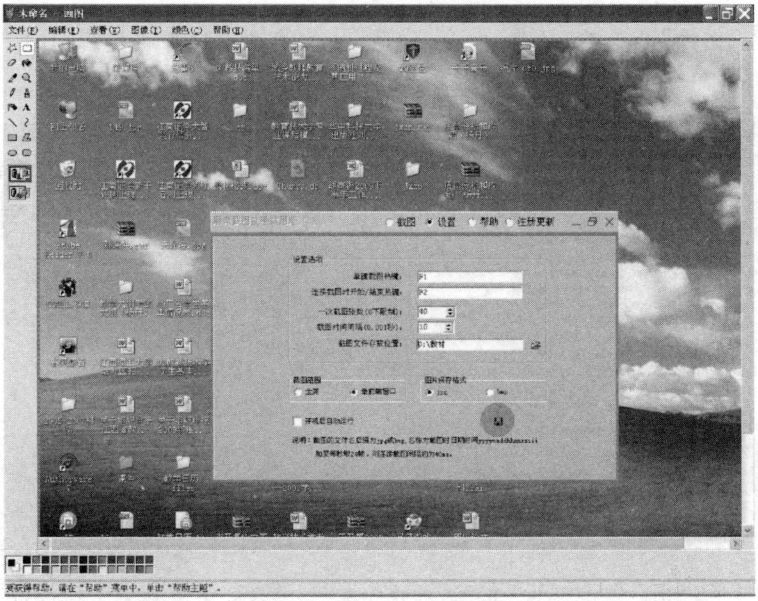

图 1-1-4　显示屏幕画面

然后选择“□”矩形剪裁工具，鼠标拖拽，选中“屏幕截图能手”对话框，选择“编辑”菜单的“复制”命令，选区内容就被保存到系统剪贴板中。

图 1-1-5　选择“选区内容”

选择“文件”菜单的“新建”命令，打开新的绘图窗口，再选择打开“编辑”菜单的“粘贴”命令，将剪贴板中的内容显示在绘图窗口中。

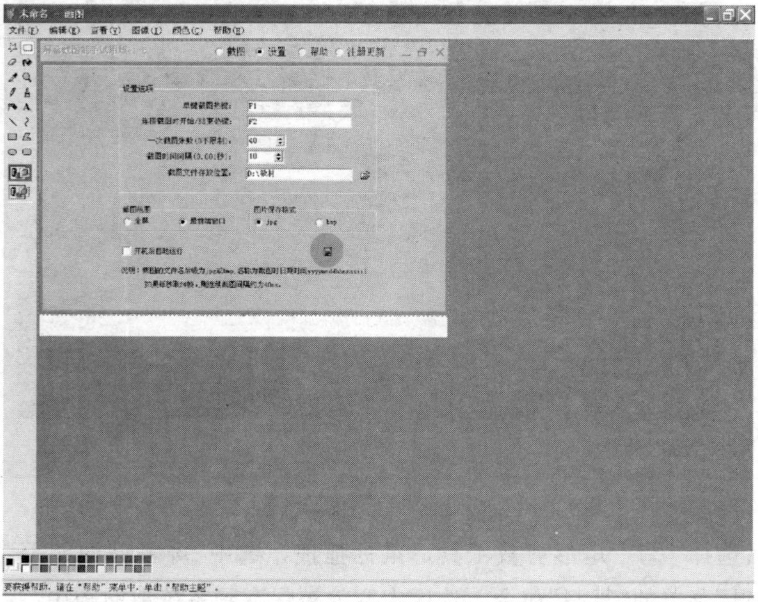

图 1-1-6　显示“选区内容”

调整绘图窗口大小，然后保存图片即可。

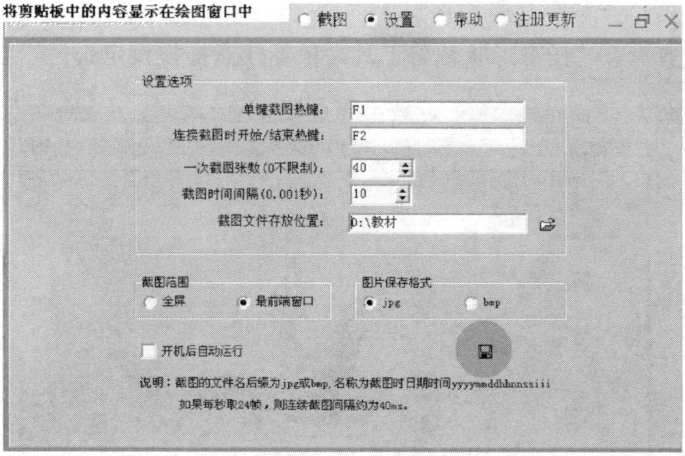

图 1-1-7　保存后的屏幕画面

2. 捕捉活动窗口中的画面

有时需要捕捉的不是整个屏幕的画面，而是某一窗口中的内容，如要捕捉活动视频中的某一帧。

打开“乌鸦喝水 . swf”动画文件，当需要窗口中的某一画面时，按住 Alt 键的同时，按下键盘上的 PrintScreen 键，当前活动窗口中的画面即被保存到系统剪贴板中。

图 1-1-8　显示截屏动画画面

打开 Windows 操作系统的“画图”工具，选择“编辑”菜单的“粘贴”命令，将剪贴板中的内容显示在绘图窗口中。

然后选择“”任意形状裁剪工具，鼠标任意拖拽设定选区。

图 1-1-9　设定选区

选择“编辑”菜单的“复制”命令，选区内容就被保存到系统剪贴板中。

图 1-1-10　复制选区

选择“文件”菜单的“新建”命令，打开新的绘图窗口，再选择“编辑”菜单的“粘贴”命令，将剪贴板中的内容显示在绘图窗口中。

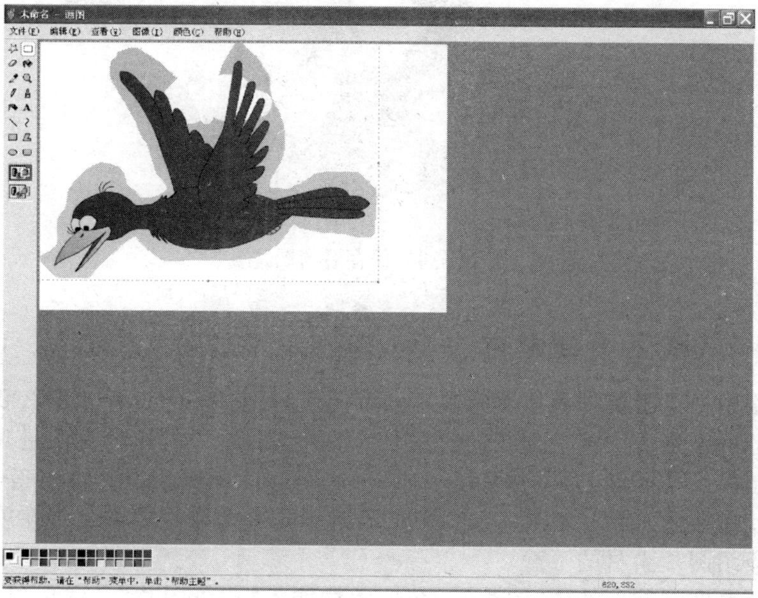

图 1-1-11　显示选区

调整绘图窗口大小后保存。

图 1-1-12　保存选区

保存后的图片为：

图 1-1-13　保存后的图片

1.1.2　从网上下载素材

网络中提供了各种各样非常丰富的资源，特别是图像资源。那么我们如何在浩瀚的网络资源中查找到我们所需要的图片素材呢？常用的方法是只要合理使用网站提供的搜索工具(例如 www.baidu.com，www.sohu.com 等)就能找到，在使用搜索工具时，搜索关键字的合理设定是非常重要的。现在就以百度为例，介绍图片素材的下载。

打开百度网站，选择“图片”，在搜索栏输入“背景图片”，然后单击“百度一下”。

图 1-1-14　百度工具

百度搜索到符合条件的图片，此时显示的图片都是缩略图，若此时右键保存，其保存的就是小图片了。单击打开所需的图片：

图 1-1-15　单击图片

单击打开所需的图片，在图片上单击右键，选择右键菜单中的“图像另存为(s)…”命令。

图 1-1-16　右键菜单

将图片重命名为“蜗牛绿叶.jpg”，单击“保存”，这样就将网上图片下载存储到本机硬盘上了。

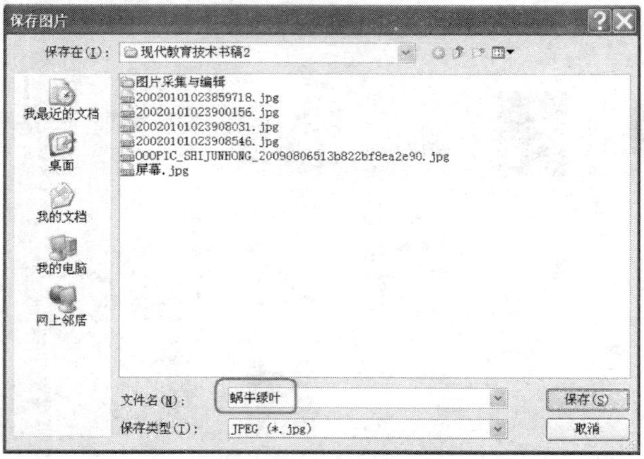

图 1-1-17　保存图片

保存后的图片为：

图 1-1-18　保存后的图片

1.1.3　视频帧捕捉

利用暴风影音、超级解霸、金山影霸等视频播放软件，可以将屏幕上显示的视频图像进行单帧捕捉，变成静止的图形存储起来。这种方法简单灵活，但产生的图像质量一般难以与扫描质量相比。下面以暴风影音软件为例，介绍视频帧捕捉。

在暴风影音中播放“猫和老鼠.flv”视频，当播放你所需要的视频帧(也可以直接拖动时码线)时，单击“　”暂停画面，选择“文件”菜单中的“截屏”命令。

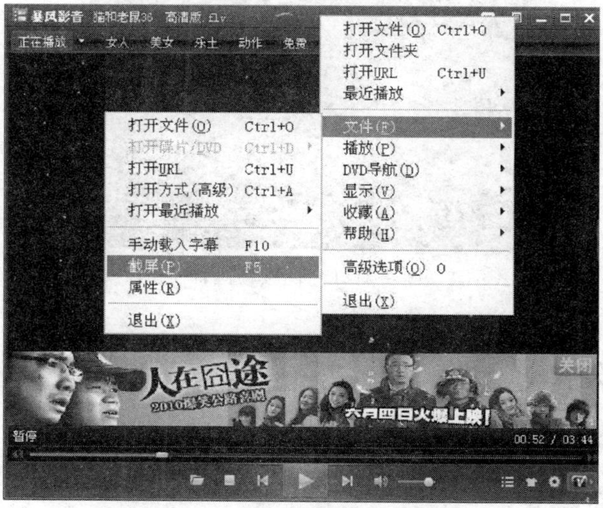

图 1-1-19　暴风影音“截屏”命令

之后出现“截图另存为”的对话框，对截图设置做一些调整：如“保存路径”设置为保存图片的路径，“文件名称”更改为“猫和老鼠”，“保存类型”选择为“.jpg”，然后单击“确定”按钮，这样视频帧就保存好了。

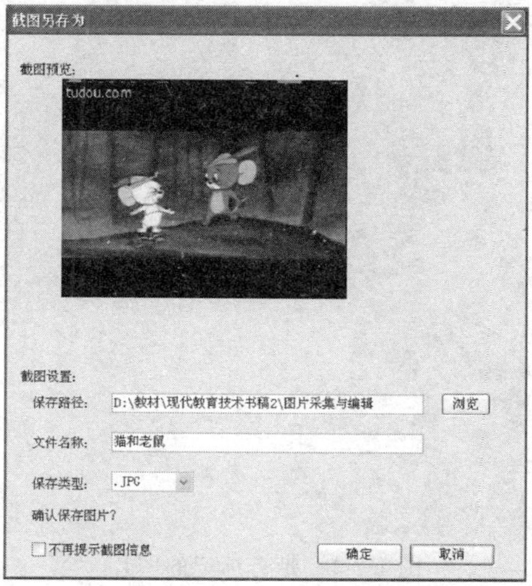

图 1-1-20　另存截图

保存后的视频帧为：

图 1-1-21　视频帧画面

1.2　图像的处理

1.2.1　擦除标记

从网上下载的图片经常会带有网址等标记，我们可以使用 Windows 系统自带的画图软件去除这些标记，使得背景图片更漂亮或者不带有很重的痕迹。若这些标记的背景为白色（如图 1-2-1），我们就可以使用画图软件中的“橡皮擦”工具擦除。

图 1-2-1　带有标记的图片

在画图软件中打开图片：

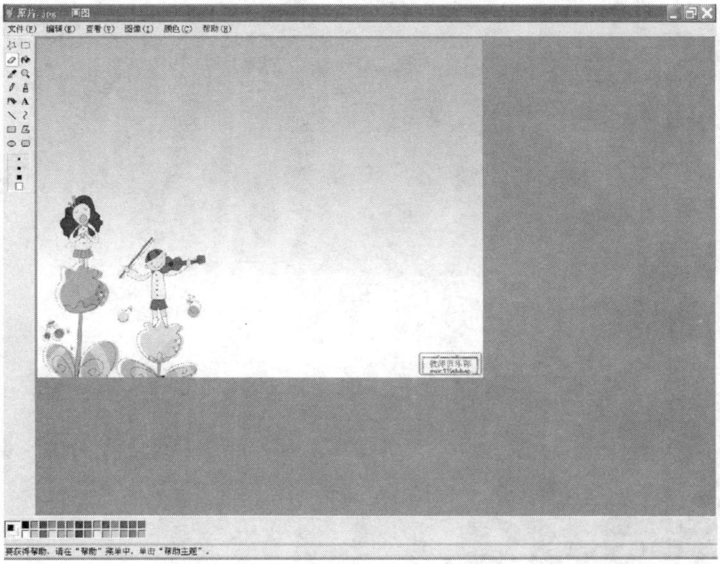

图 1-2-2　打开图片

选择“”工具，直接擦除标记即可。

图 1-2-3　擦除标记

擦除标记后的图片为：

图 1-2-4　擦除标记后的图片

若标记的背景不是白色时(如图 1-2-5)，我们就可以使用画图软件中的“取色”和“喷枪”工具擦除。

图 1-2-5　显示图片

在画图软件中打开该图片：

图 1-2-6　打开图片

选择“”工具，先选择标记的背景色淡绿色，然后选择“”工具进行喷色，当然可以根据区域大小选择喷枪笔触大小，区域大时，选择大笔触，区域小时，选择小笔触。

图 1-2-7　喷色

当喷色到分界边缘时，可选择“ ”工具将图片放大。

图 1-2-8　选择放大工具

放大后的图片为：

图 1-2-9　放大选区

再选择小笔触小心擦除。

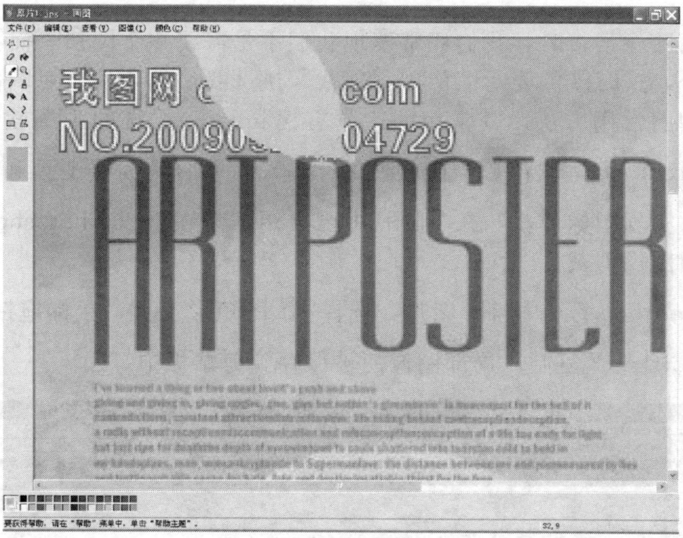

图 1-2-10　擦除边缘后的图片

然后运用“”工具选择较深绿色，运用“”工具进行标记剩余部分喷色，步骤如上所述。喷色完成后的图片为：

图 1-2-11　喷色后的图片

1.2.2 剪裁图像

在使用图像素材时，我们经常发现我们不是需要整个图片，而只是需要其中的一部分，这时就需要对图像进行剪裁，挑选我们需要的。对图像剪裁是图像素材处理的常用方法，其常用的工具有 Windows 系统的画图软件、Photoshop 和 Coreldraw 等软件。画图软件的“ ”任意形状裁剪工具和“ ”矩形裁剪工具可实现图像剪裁，在“抓图”中已介绍。现在就以 Photoshop 7.0 软件为例，介绍图像剪裁。

在 Photoshop 7.0 中打开图片，选择“ ”矩形工具，鼠标拖拽选中乌鸦，按快捷键“Ctrl+C”复制，局部图像便被保存到剪贴板中。

图 1-2-12 设定选区

在“文件”菜单中选择“新建”命令，打开“新建”对话框，将“名称”更改为“乌鸦”，新建文件的宽度、高度直接和在剪贴板中文件大小保持一致，在“内容”选择“透明”，然后确定。

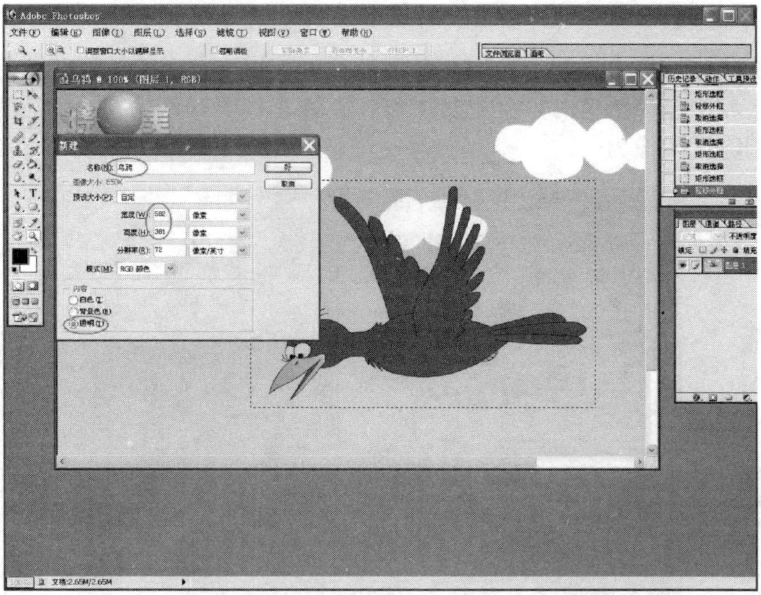

图 1-2-13　“新建”对话框

新建后的文件为：

图 1-2-14　新建后的文件

现在开始去除背景色了。先擦除蓝色部分，选择工具栏中“”魔术棒工具，在蓝色区域单击鼠标，选中蓝色区域后，按“Delete”键删除蓝色部分，当有多个区域颜色为蓝色时，可重复操作，直到背景中蓝色被删除干净为止。蓝色部分删除后图像为：

图 1-2-15　擦除蓝色背景

接着删除白色部分，操作和上述一样。删除白色部分后图像为：

图 1-2-16　擦除白色背景

接下来可以做些精细调整。选择工具栏中“”放大镜，单击图像放大，

去除一些遗留的蓝色和白色部分，做细节的擦除。

图 1-2-17　放大图片

细节擦除后，选择工具栏中的“”放大镜工具，同时按住“Alt”键，缩小图像为 100%。

图 1-2-18　擦除细节的图片

选择“文件”菜单的“存储为”命令，在“格式”中选择“GIF”格式保存。

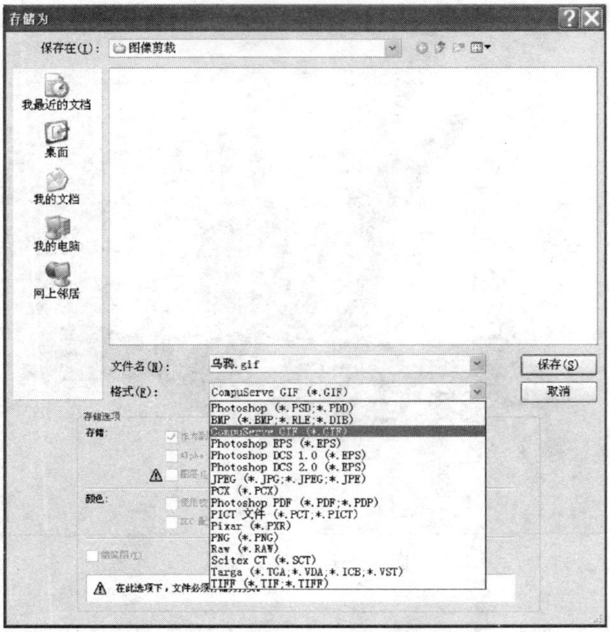

图 1-2-19 “存储为”对话框

保存后的图像为：

图 1-2-20 剪裁后的图像

实验二　音频素材的采集与编辑

一、学习目标

1. 熟悉 CoolEdit 音频编辑软件，了解其基本功能。
2. 会用 CoolEdit 软件导入音频文件、录制音频文件。
3. 掌握 CoolEdit 软件处理音频效果的基本技能。

二、训练任务

朗读中学语文教材中朱自清的散文《春天来了》，用 CoolEdit 软件录制下来，并进行剪辑、添加特殊效果和合成声音，最后形成配乐朗诵。

三、操作环境

操作系统：Windows XP
工具软件：CoolEdit 软件
其他：带麦克风的耳机

2.1　认识 CoolEdit 软件界面及功能

打开 CoolEdit 软件，软件界面图如图 2-1-1。软件大致分为 5 个区，包括菜单栏、工具栏、资源区、音频轨道区(最多支持 128 个轨道)和播放控制区。

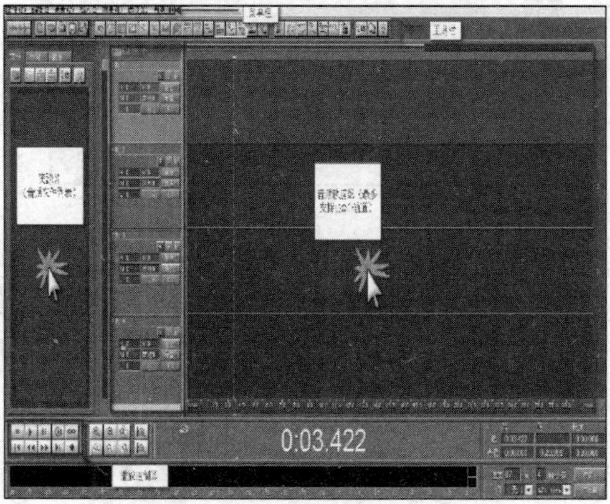

图 2-1-1　CoolEdit 软件界面

2.2 录制音频文件，合成声音

①在网上找到朱自清的散文《春天来了》这篇课文；下载符合这篇课文意境的背景音乐，如果你实在不知道选择什么样的背景音乐，贝多芬的《月光奏鸣曲》可以试一试。

②单击文件菜单→新建工程→设置采样率，采样率越大，声音的保真效果越好。默认为 32 000，然后保存工程文件。

③按下音轨轨道区音轨 1 的红色“R”按钮，然后按下播放控制区的红色录音按钮。这时候，你可以朗诵课文了。CoolEdit 软件会把你的声音录制下来。操作如图 2-2-1 和图 2-2-2 所示。

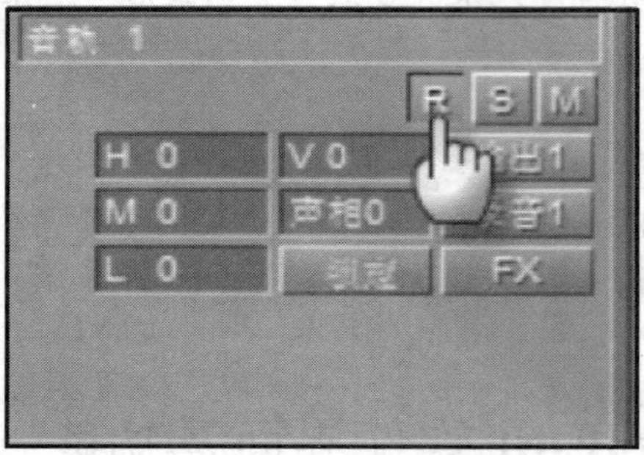

图 2-2-1 音轨 1

图 2-2-2 播放控制面板

④在录音过程中，根据你的需要可以暂停。如果录制结束，单击播放控制面板中的结束按钮结束录制。然后再按下音轨轨道区音轨 1 的红色“R”按钮，表示不再对音轨 1 录制。操作如图 2-2-3 所示。

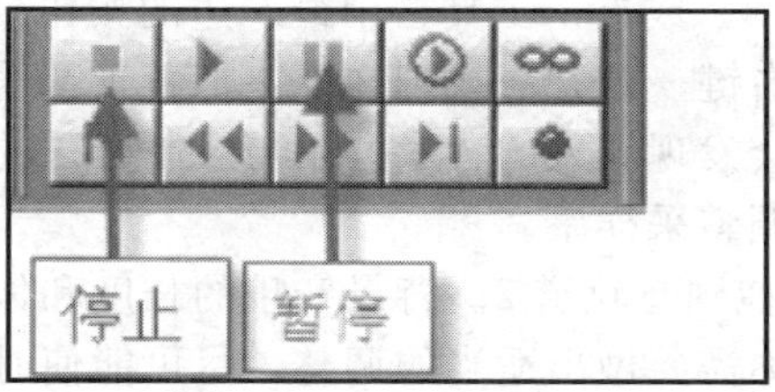

图 2-2-3　播放控制面板

说明：在③④步骤中，录制前，要调节好你的麦克风音量，这点至关重要。如果麦克风音量过大，会导致录出的波形成了方波，这种波形的声音是失真的。无论你水平多么高超，也不可能处理出令人满意的效果的。录音完毕后，可点左下方播音键进行试听，看有无严重的错误，是否要重新录制。

2.3　音频剪辑

往往在录制音频的开头和结尾部分，会有一些空白区或杂音，这时候需要把它删除。为了更好编辑，先把界面切换为波形界面。切换方法为点击快捷键F12，或点击工具栏中最左边的按钮。在波形界面可以根据自己的需要删除开头和结尾空白区或杂音时，操作如图 2-3-1 所示。

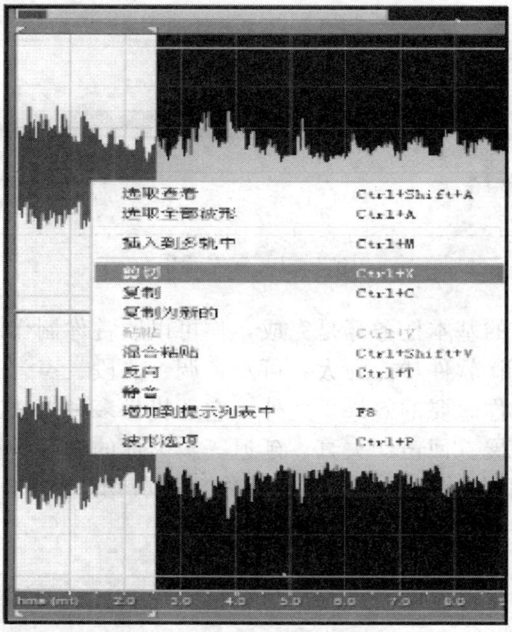

图 2-3-1　删除空白区或杂音

1. 按下快捷键 F12，或点击工具栏中最左边的按钮，把界面切换回多轨道界面。在资源区单击右键→打开→找到文件，把背景音乐导入到资源区。在导入过程中，很可能你会发现导入的背景音乐与录制音乐的采样率不一样，没有关系，软件能够自动调整采样率。

2. 把背景音乐拖拽到音轨道 2。背景音乐的长度和你所录制的音频的时间长度可能会不一样，你需要做出适当的调整，尽可能使时间长度一样。此时的效果图如图 2-3-2 所示。

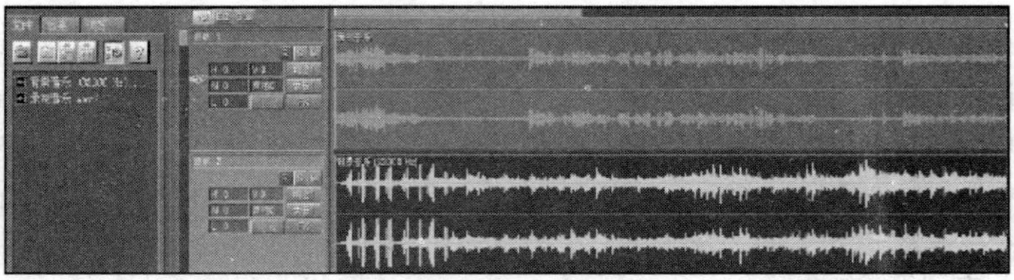

图 2-3-2　效果图

2.4　混缩音乐

单击菜单文件→混缩另存为→选择所需要保存的音乐格式。操作如图 2-4-1所示。

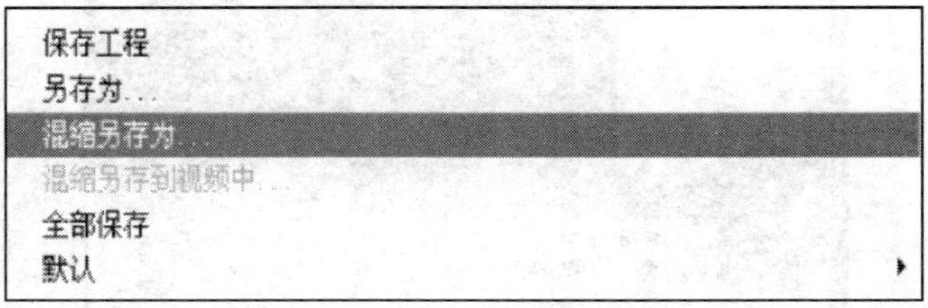

图 2-4-1　混缩音乐

到这里，实验的基本任务算是完成，你可以欣赏你制作的作品了。

补充：CoolEdit 软件功能强大，可对音调、曲段、声音、弦乐、颤音、噪音进行处理，达到你想要的效果。此外，它还提供多种特效工具，如放大、降低噪音、压缩、扩展、回声、失真、延迟等，为你的作品增色。该软件支持多声道处理，可以同时对多个文件执行操作，如剪切、粘贴、合并、重叠声音等，轻松又高效。操作如图 2-4-2 所示。

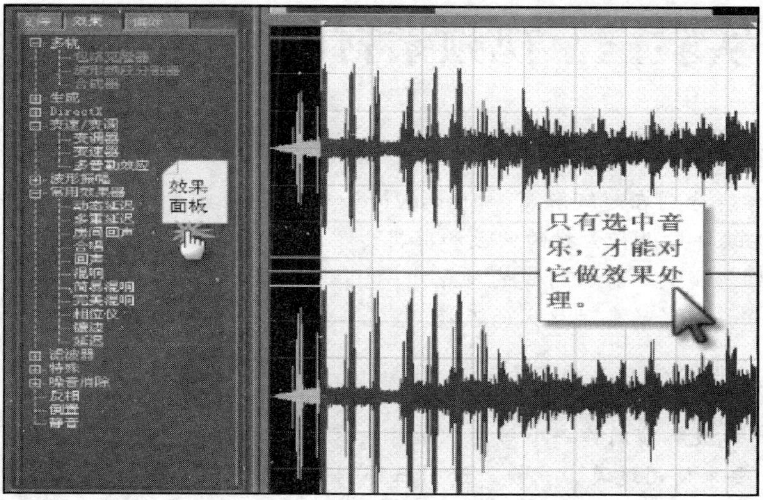

图 2-4-2 效果设置图

实验三　视频素材的采集与编辑

一、学习目标

1. 学会分别在超级解霸、StormVideo软件中采集素材，将素材输出至硬盘，并在软件中进行素材的回放和剪辑。

2. 掌握视频的各种格式的特点。

3. 掌握视频的各种格式的互换。

二、训练任务

利用超级解霸制作一小短片，短片内容根据各自的专业来定，时间不少于2分钟。要求使用过渡、滤镜、透明三种制作方法编辑片段，最终达到熟练掌握编辑方法的目的，能独立制作教学片段。

三、操作环境

操作系统：Windows XP

工具软件：超级解霸软件

其他：带麦克风的耳机

3.1　视频文件的特点和常见文件格式

视频作为多媒体家族中的成员之一，在多媒体教学中占有非常重要的地位。视频本身可以由文本、图形图像、声音、动画中的一种或多种素材组合而成，利用其声音与画面同步、表现力强的特点，能大大提高教学的直观性和形象性。

最常见的视频文件格式有Microsoft的Video for Windows文件（*.avi）和Apple的QuickTime文件（*.mov和*.qt）。此外还有MPEG文件（*.mpg）、VCD上的DAT文件（*.dat）以及网络上常用的Real Video文件（*.rm）等。

视频文件的格式与特点见表3-1所示。

表 3-1

存储格式	扩展名	特　点	播放软件
AVI 格式	*. AVI	兼容好、调用方便、图像质量好，缺点是占用存储容量大。	超级解霸
QuickTime 格式	*. MOV	在本地播放或是作为视频流格式在网上传播。	QuickTime
MPEG 格式	*. MPG *. MPEG	主要用在 VCD 和 DVD 的制作上。	超级解霸
流媒体格式	高级流格式 *. ASF	ASF 是一个可以在网上即时观赏的视频“流”格式。	Windows Media Player
	实时流格式 *. RM、*. RA、 *. RAM	常用在多媒体网页的制作上。 要在网页中使用该格式文件，要求浏览器的支持和支持流式播放的网页服务器。	RealPlayer

3.2　视频素材的采集方法

视频素材的采集方法有很多种。最常见的是用视频捕捉卡配合相应的软件(如 Ulead 公司的 Video Studio，Adobe 公司的 Premiere)来采集录像带上的素材。录像带在教学中使用比较普及，这种方法的优点是素材的来源较广；缺点是硬件投资较大，一般视频卡的价格在 2000～5000 元之间。

另一种方法是利用超级解霸等软件来截取 VCD 上的视频片段(截取成 *. mpg文件或 *. bmp 图像序列文件)，或把视频文件 *. dat 转换成 Windows 系统通用的 AVI 文件。用这种采集方法得到的视频画面的清晰度要明显高于用一般视频捕捉卡从录像带上采集到的视频画面。

还可以用屏幕抓取软件，如 Snagit、Hypercam 等来记录屏幕的动态显示及鼠标操作，以获得视频素材。此外互联网上也有大量的视频素材，也可以下载后在多媒体教学中使用。

3.3　超级解霸中视频文件格式的转换与应用

用视频编辑工具，可以将视频素材进行格式转化。

一般 PC 机使用 AVI 格式，APPLE 系列使用 QuickTime 格式，使用较大的视频素材时要用 MPEG 高压缩比格式，在网上实时传输视频类素材时使用流式媒体格式。

通过超级解霸的各种视频格式转换工具，可以任意转换各种格式的视频素材。

一般在 PC 平台上要使用 AVI 格式，APPLE 系列使用 QuickTime 格式，使用较大的视频素材时使用 MPEG 高压缩比格式，在网上实时传输视频类素材时使用流式媒体格式。

用超级解霸从 VCD 上采集视频素材的具体步骤如下。

3.3.1 从 VCD 上抓取图像

1. 把画面定格到要抓取的那一帧上(可通过“滑块”及“单帧步进”按钮的相互配合来精确定位)。

2. 单击“保存一幅图像”按钮。

3. 打开“保存图像”对话框。选择保存文件夹，输入文件名，并在“保存类型”中选择适当的图像文件类型，再单击“保存”按钮。

3.3.2 从 VCD 上连续摄像

1. 把画面定位到要抓取的起始帧上。

2. 单击“连续摄像”按钮。

3. 打开“保存图像”对话框。输入文件名并单击“保存”按钮后，超级解霸将从当前画面开始连续抓取图像，直到按“停止”按钮为止。所抓取的图像将自动生成“文件名”+001、“文件名”+002……的连续编号文件。以后就可以在视频编辑软件中将这一批已编号的序列文件导入，生成新的视频文件。

3.3.3 从 VCD 上截取片段并保存为 MPG 或 MPV 文件

1. 与抓取单帧画面不同的是，截取视频片段首先要单击“循环 / 选择录取区域”按钮。只有处于“循环选择”状态下，“选择开始点”按钮和“选择结束点”按钮方可使用。

2. 通过拖动“滑块”配合“搜索”“单帧步进”等按钮来定位要截取片段的起始帧，然后单击“选择开始点”按钮。

3. 按同样的方法，定位要截取片段的结束帧，再单击“选择结束点”按钮。

4. 单击“录像指定区域为 MPG 或 MPV 文件”按钮。

5. 在“保存数据流”对话框中选择保存文件夹、保存文件类型(若要同时保存图像及声音选“MPEG 系统流”，若只想保存图像而不要声音则选“MPEG 视频流”)，输入文件名，然后单击“保存”按钮。

3.3.4　VCD 转 AVI

1. 单击“VCD 转 AVI”中的“视频文件”按钮，在打开的对话框中选择一个视频源文件(＊.dat，＊.mpg，＊.mpa)，单击“打开”按钮。

2. 打开视频文件后，就可在左上角的“视频流”小窗口中进行预览。拖动滑块，并配合使用“播放”和“停止”按钮，使视频流预览窗口显示需要转换的视频片段的起始点，然后单击“另保存为”按钮，选择保存文件夹、文件名。

3. 单击“开始压缩”按钮，打开“视频压缩”对话框，选择一种“压缩程序”及“压缩品质”。选择“压缩程序”时需注意通用性；“压缩品质”的高低决定画面质量的好坏，“品质”越高画面质量越好，所生成的 AVI 文件容量也越大，而“品质”太低则画面质量较差，所以一般“压缩品质”参数设置在 85～100 范围内。

4. 单击“确定”后，超级解霸开始转换。

5. 单击“停止压缩”按钮，完成格式转换。

把 VCD 或 DVD 放到光驱里，选择文件下拉菜单下的自动搜索播放光盘。如果是有多个光驱的话，点击播放光盘，然后在弹出的菜单中选择光盘所在的光驱进行播放。

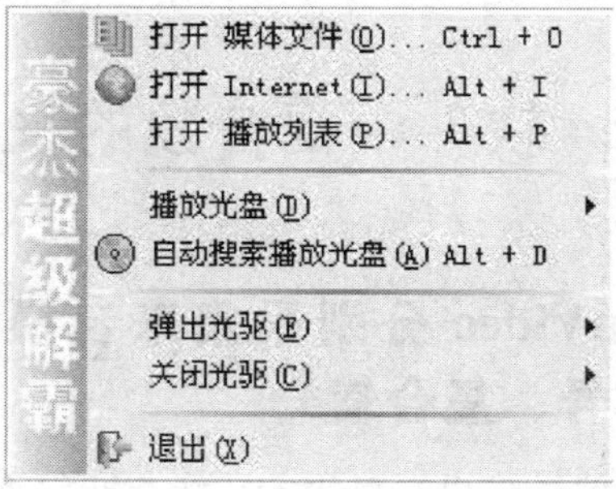

图 3-3-1　播放菜单

如果是播放硬盘上保存的文件，请选择“打开媒体文件”或“打开播放列表”项进行播放。另外还有一种方法：直接把要播放的文件拖到超级解霸的控制界面上进行播放就可以了。看到 DVD、VCD 的精彩部分时，总会有种把精彩片段截取下来的冲动，但想想这似乎有一定的技术难度，也不是能够轻松搞定的事，所以只能暂且作罢了。其实用豪杰超级解霸 V8 轻松点击几个按钮就可以实现，根本不必大费周折。想要截取 VCD 中的片段，通过“循环播放”“选择开始点”“选择结束点”“保存 MPG 片段”这几个按钮就可以实现将指定的片段转录为 . MPG 或 . MPV(MPV 文件只有视频无音频)文件功能，播放或停止状态均可实现。

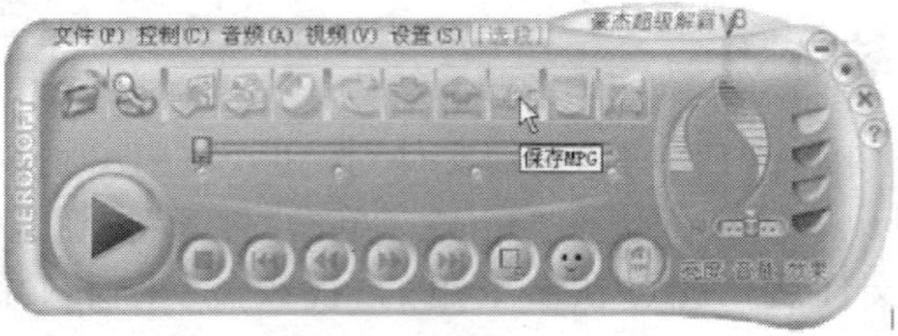

图 3-3-2　播放面板

首先播放影碟，点击“循环播放”按钮，可以看到播放进度条变为绿色(即为循环状态)，图标变成双箭头。拖动鼠标到欲截取的片段的起始位置，单击“选择开始点”按钮选定开始点，再将鼠标拖至截取区域的终止位置，单击“选择结束点”绿色的部分就是选定的要截取的片段。最后点击“保存 MPG”按钮，将指定区域录制为 MPG 或 MPV（MPV 文件只有视频无音频）文件。系统会提示你输入录像的文件名，请注意选择正确的文件类型。至此，一段自制的影音文件便完成了。

注意：用以上方法转换成的 MPG 文件不是标准的 MPG 格式，如果需要刻录成 VCD 必须通过其他工具进行转换，可以使用豪杰视频通 2.5 来完成。上述功能只支持 VCD、DVD 或者 MPEG1 标准的 .MPG 以及 .dat、.vob 格式文件。

3.4　StormVideo 软件中视音频的采集与应用

3.4.1　利用 StormVideo 分别采集来自摄像机的数字信号、S-Video 信号、复合信号

1. 将摄像机的 DV 信号输出端口用 DV 线与非编系统的接口箱中 DV 端口相连；将摄像机的 S-Video 信号输出端口用 S-Video 端子线与非编系统的接口箱中 S-Video 端口相连；将摄像机的复合信号输出端口用复合信号线与非编系统的接口箱中复合端口相连。

2. 打开摄像机，放入素材带，将摄像机设置为 VCR 状态。

3. 打开 StormVideo 软件，打开该软件的设置菜单，如图 3-4-1 所示。

为确保支持长于 9 分钟(2G)的素材采集，将设置菜单中的采集为参考 AVI 文件选中。

4. 选中快捷工具栏的蓝色 DV 按钮，选中 DV 通道，此时，接口箱的 DV 端口指示灯亮，进行 DV 信号的采集。

5. 利用录像机控制器来控制摄像机，找到需采集的素材入点，按下 AVI

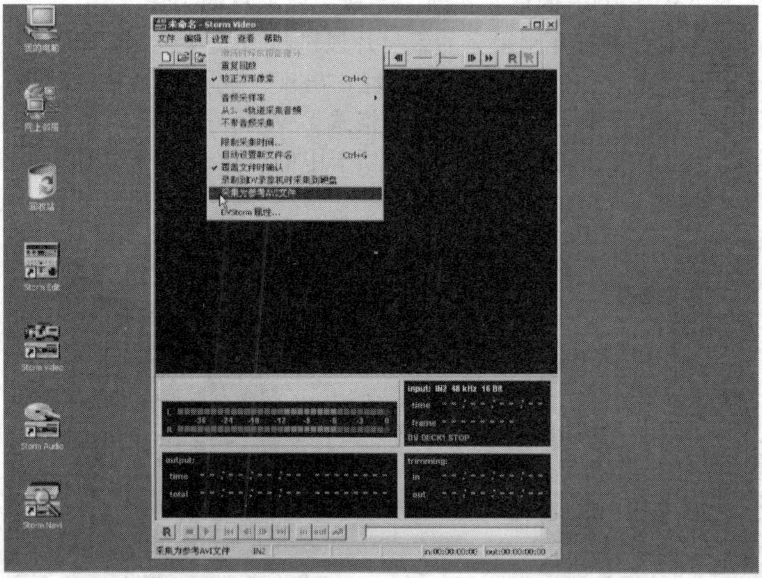

图 3-4-1　StormVideo 软件菜单

控制器中的采集按钮，弹出图 3-4-2 所示的对话框，设置文件路径及文件名，保存文件。(本实验放在各组自己定义好的 AV 硬盘上的文件夹内)

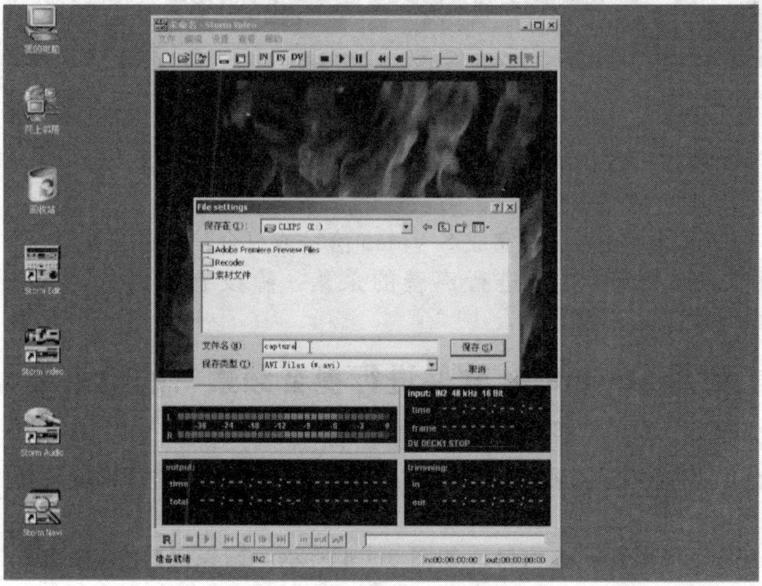

图 3-4-2　保存设置

6. 按下 AVI 控制器的停止按钮，完成一段素材的采集。

7. 在文件菜单中打开刚采完的素材片段进行回放及简单编辑。

8. 选中设置菜单中的 DVStorm 属性，出现一属性对话框，如图 3-4-3 所示，分别选中 IN2 选项卡中的视频输入格式 S-Video 或复合，进行 S-Video 信号或复合信号的采集，同时可在 IN2 选项卡中的图像调整中对图像的参数进行调整。

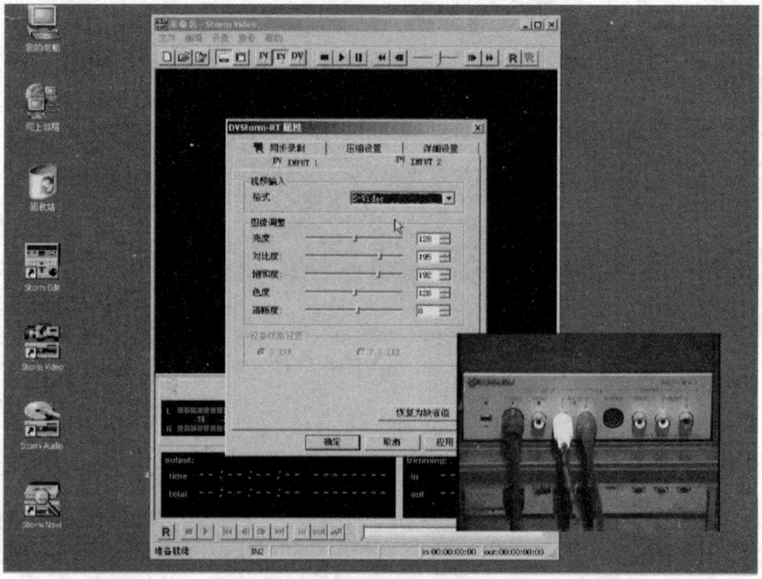

图 3-4-3　DVStorm 属性设置面板

9. 手动操作摄像机在摄像机中找到需采集的素材入点，暂停，等采集时手动播放(与 DV 信号不同)。

10. 分别重复 5～7 步，完成 S-Video 信号或复合信号的采集。

利用 StormAudio 软件进行声音的采集，除没有视频外，其他操作与 StormVideo 类似，不赘述。

3.4.2　利用 StormEdit 软件进行视音频素材的批采集

1. 打开 StormEdit 软件。

2. 在工具栏中点击采集快捷按钮，或从“文件”菜单选择“批采集/无缝采集”。

3. 这时，将出现采集窗口。如图 3-4-4 所示，确保已将“采集方式”设置为“批采集”。

4. 为你希望采集的剪辑设置文件名。

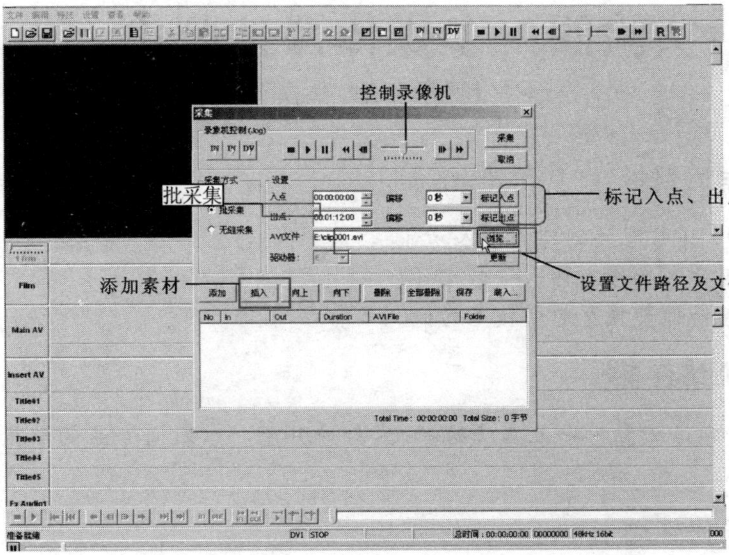

图 3-4-4 StormEdit 软件音频采集属性面板

5. 使用录像机控制器定位磁带到你希望开始采集的地方。

6. 点击“标记入点”按钮。入点将被自动输入。

7. 将磁带向后快进，找到你要结束采集的地方。

8. 点击“标记出点”按钮。出点将被自动输入。

9. 点击“添加”按钮，片段将会出现在批采集/无缝采集窗口底部的列表中。

10. 点击“采集”按钮开始采集，StormEdit 自动将你选择的部分采集到盘中。

实验四　多媒体课件制作一
（PPT 课件制作深化）

一、学习目标

1. 熟悉 PPT 课件制作的基本功能。
2. 掌握导入音频文件、视频文件。
3. 掌握动作设置与超链接等功能。

二、训练任务

制作中学语文教材中朱自清的散文《荷塘月色》。（不同专业的学生可以自选内容）

三、操作环境

操作系统：Windows XP
工具软件：PPT 制作软件

4.1　素材采集

素材的采集：采集相关课件制作所需相关素材。

新建一个文件夹，取名为“荷塘月色”，把所采集的图片、视频、音频素材保存到这个新建的文件夹中。如图 4-1-1 所示。

图 4-1-1　新建文件夹

4.2　PPT 模板的制作

4.2.1　图片的插入

1. 打开 PPT 课件制作软件并新建一个空白的 PPT 文档。点击“视图→母版→幻灯片母版”，进入母版编辑状态。

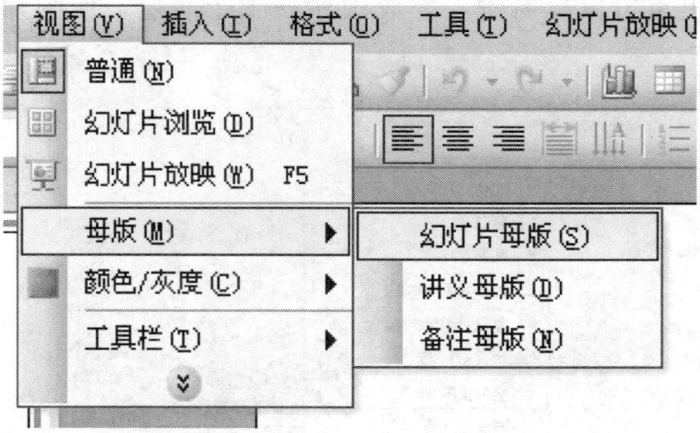

图 4-2-1 打开模板

2. 点击绘图工具栏上的“插入图片”按钮(或按“插入→图片→来自文件”)，选中要作为正文模版的图片。

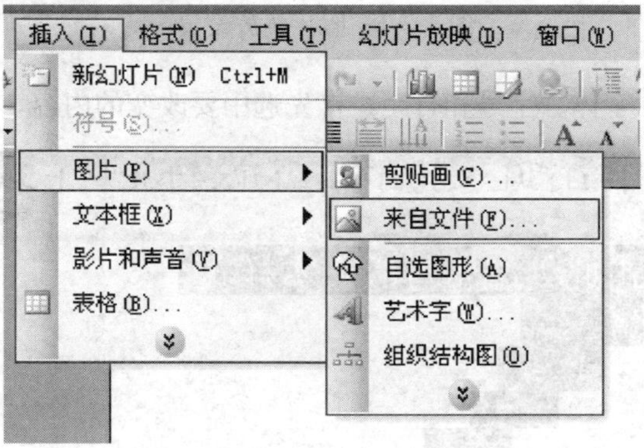

图 4-2-2 插入图片

图 4-2-3 选中图片

3. 在图片上点击鼠标右键，叠放次序→置于底层，使图片不能影响对母版排版的编辑。

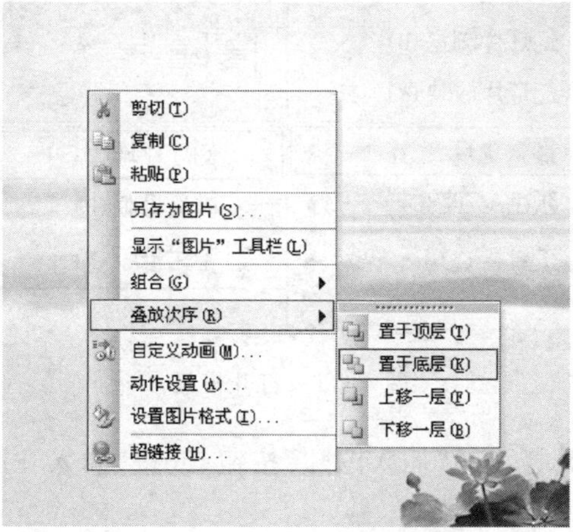

图 4-2-4　图片叠放设置

4. 改变母板的字体、字号和行距，首先选中要改变的内容，如图 4-2-5 所示。

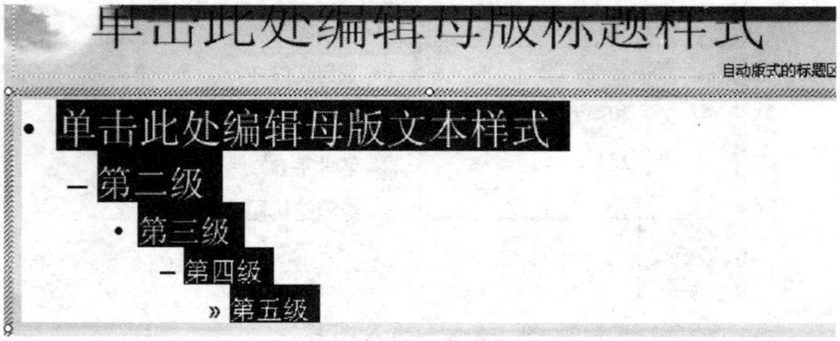

图 4-2-5　选中要改变文字的内容

然后设置字体与字号，一般设置字号为 28 号，在菜单→格式栏，设置行间距为 1.5，如图 4-2-6 所示。

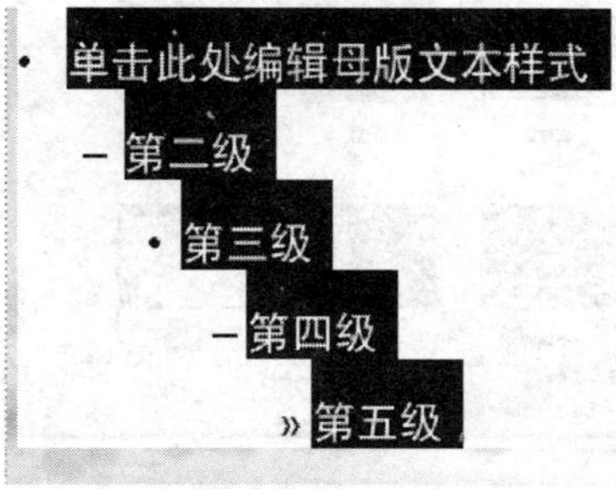

图 4-2-6　改变文字字体字号

5．如果要首页不同于内容页，则在“幻灯片母版视图”工具栏上，点击“插入新标题母版”。

图 4-2-7　插入新标题母版

选中新生成的标题母版中的图片，DEL 删除它。重复上面插入图片的操作，即：点击绘图工具栏上的“插入图片”按钮(或按“插入→图片→来自文件”)。

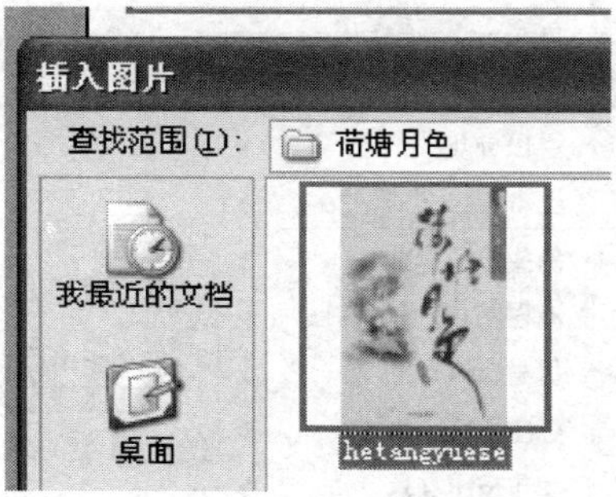

图 4-2-8　插入母版图片

效果图如图 4-2-9 所示。

图 4-2-9　效果图

4.2.2 背景制作

如果觉得这个图片太单调了，我们可以在此基础上给它再加上一个自画的图形作为背景。首先在菜单栏中的“视图→工具”中找到“绘图”。这时 PPT 软件视窗下面就有一栏绘图工具。如图 4-2-10 所示。

图 4-2-10　绘图工具栏

然后点自选图形中的基本形状，选择圆角矩形，如图 4-2-11 所示。

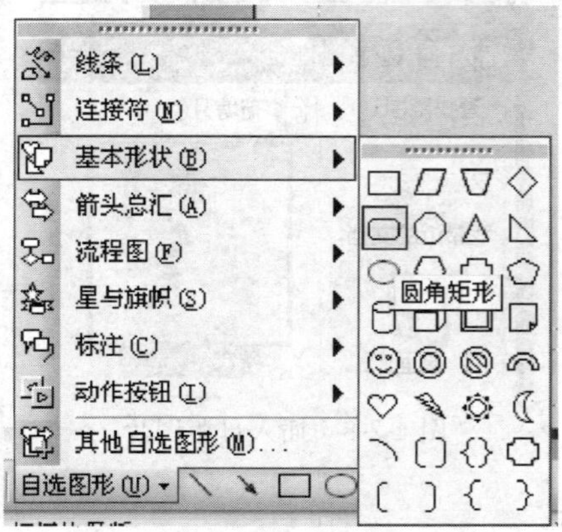

图 4-2-11　图形基本形状

然后在 PPT 模板上画一个图形。如图 4-2-12 所示。

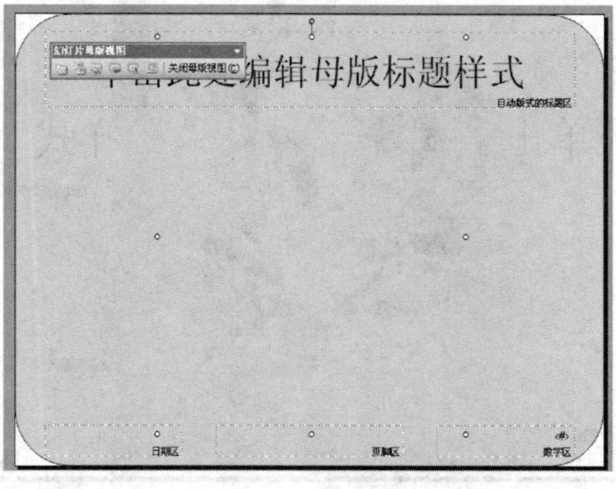

图 4-2-12　绘制图形

这时这张图片盖住了我们刚才导入的图片。为了让刚才导入的图片在这张图片的上面，做如下操作，点右键，出现下面对话框，如图 4-3-13 所示。

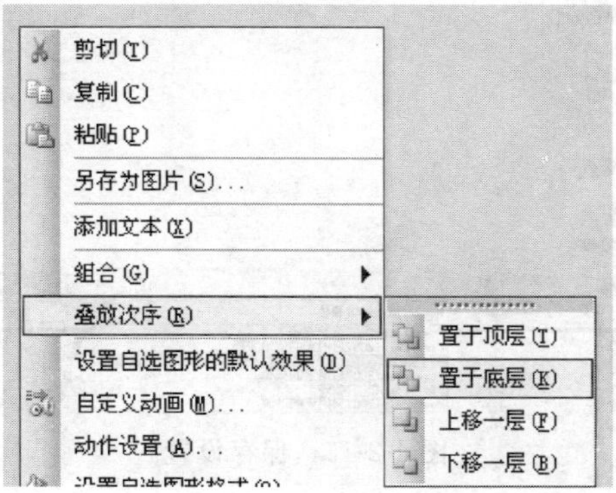

图 4-2-13 设置图形置放层次

选择置于底层，这时就出现了如下效果，如图 4-2-14 所示。

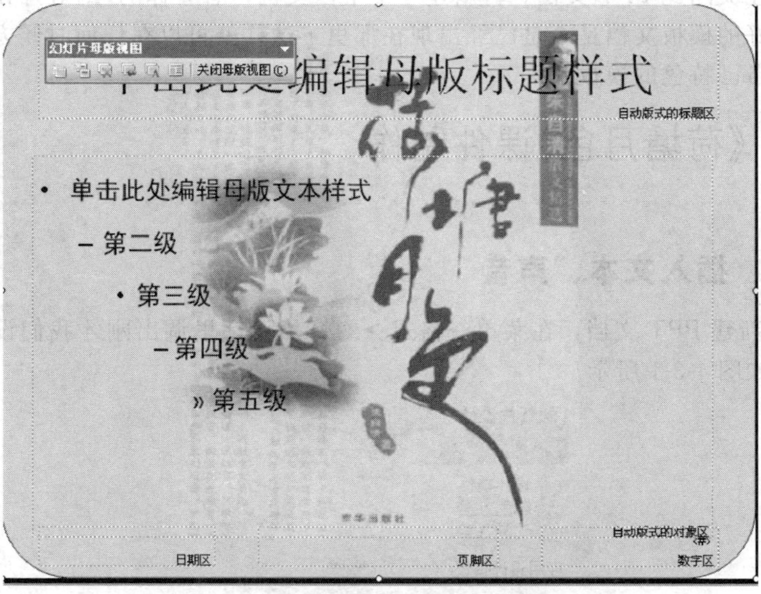

图 4-2-14 效果图

现在我们已经制作好了我们需要的模板文档，退出母版视图后，接下来就是保存了。点击"文件→保存"，打开"另存为"对话框，在"保存类型"中选择"演示文稿设计模版"。

图 4-2-15　保存设置

此时程序将打开默认的文件保存位置，不用更改它，在“文件名”中输入一个便于自己记忆的名字，确定保存下来。

现在关闭此 PPT 文档。再新建一个空白文档，看看你的“幻灯片设计”里，刚刚做好的模板文档是不是已经出现在那里，这样就可以在任何时候方便的使用具有自己特色的模板了。

4.3　《荷塘月色》课件制作

4.3.1　插入文本、声音

1. 新建 PPT 文档，在菜单→格式→幻灯片设计里调出刚才我们设计好的模板，如图 4-3-1 所示。

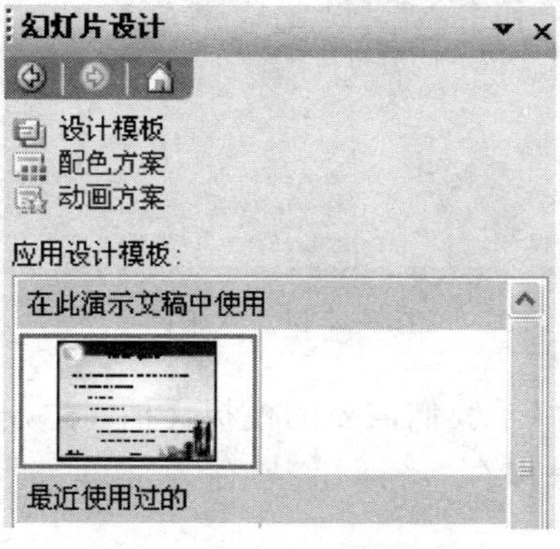

图 4-3-1　调用模板

图 4-3-2　模板示图

如果要加上文字可以自己随意加上。

2. 制作内容页，插入新幻灯片，进入教学目标、教学重难点、教学方法等内容的制作，如图 4-3-3～图 4-3-5 所示。

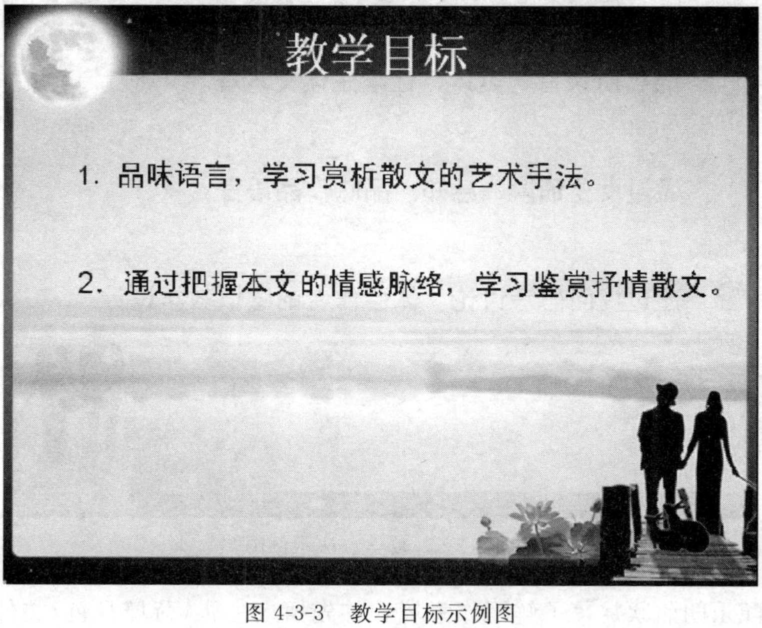

图 4-3-3　教学目标示例图

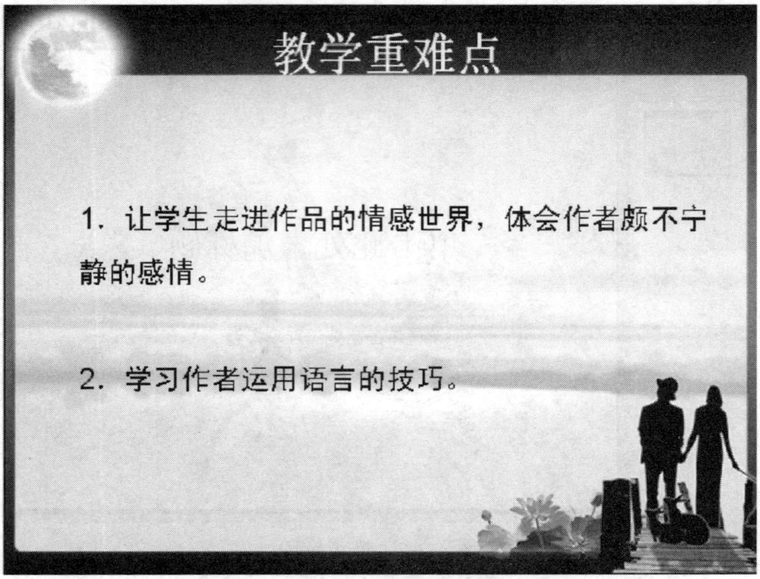

图 4-3-4　教学重难点示例图

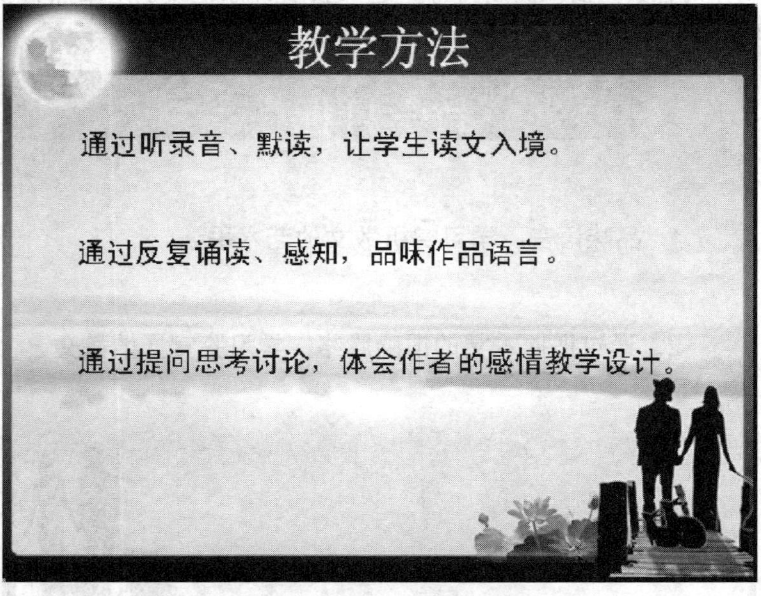

图 4-3-5　教学方法示例图

3. 配乐朗诵欣赏，了解写作意境。首先插入一张《荷塘月色》文件夹中你采集的相关图片，然后再插入声音——《荷塘月色》朗诵(MP3)，如图 4-3-6、

图 4-3-7 所示。

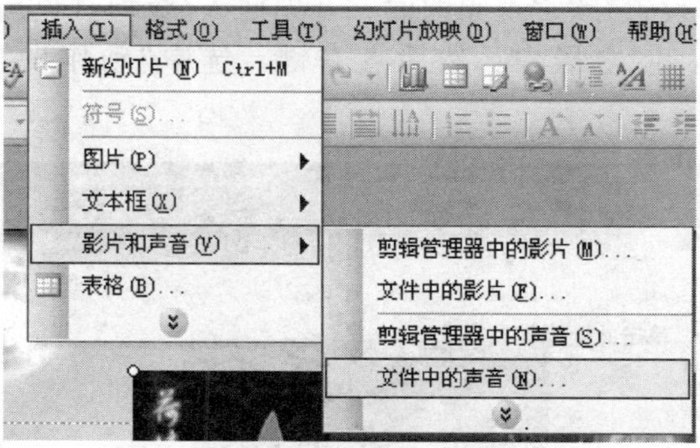

图 4-3-6　导入音频文件

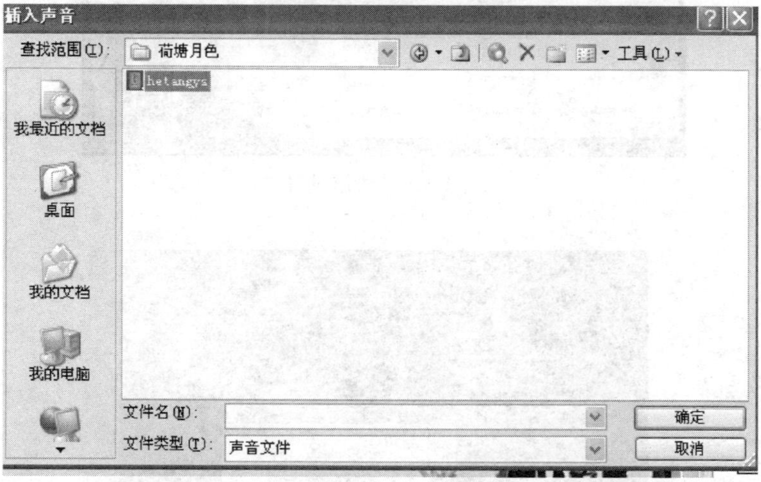

图 4-3-7　插入声音

然后设置声音的控制方式，如图 4-3-8 所示，可选择“在单击时”。这样只有当你单击了才开始播放声音。如果选择“自动”，则当放映到这一页时，自动播放声音。

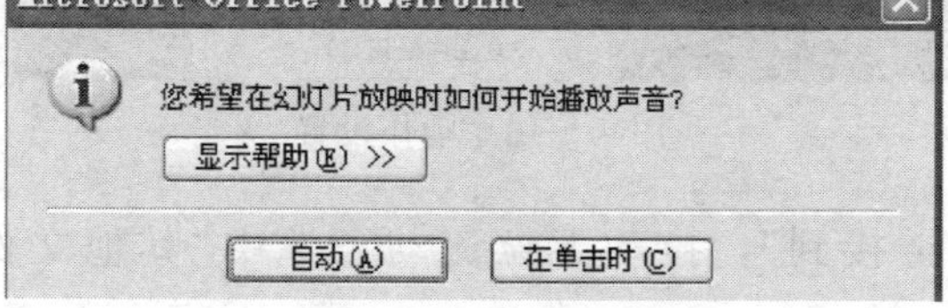

图 4-3-8　声音播放设置

然后把页面上出现的小喇叭位置移到你自己所希望的地方。

4. 运用“动作设置”欣赏视频朗诵。首先插入《荷塘月色》文件夹中图片“荷塘 5”，缩小图片，使之居中。然后点右键，选中“动作设置”，如图 4-3-9、图 4-3-10所示。

图 4-3-9　动作设置

图 4-3-10　动作设置

然后选中“超链接到”，拉动下拉流动条选中“其他文件”，如图 4-3-11 所示。

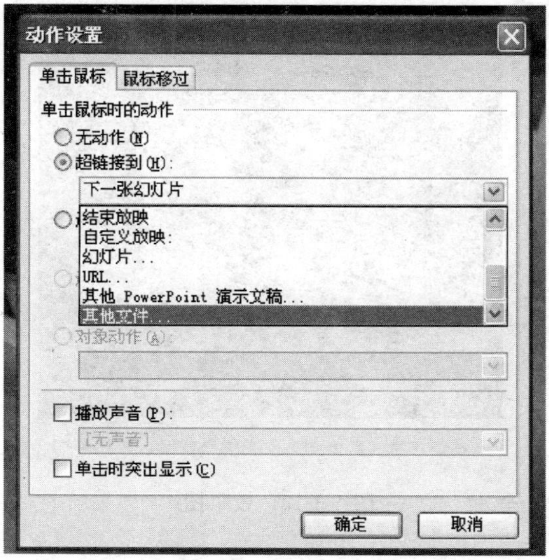

图 4-3-11　超链接到文件

打开《荷塘月色》文件夹，找到视频文件，点确定，如图 4-3-12 所示。

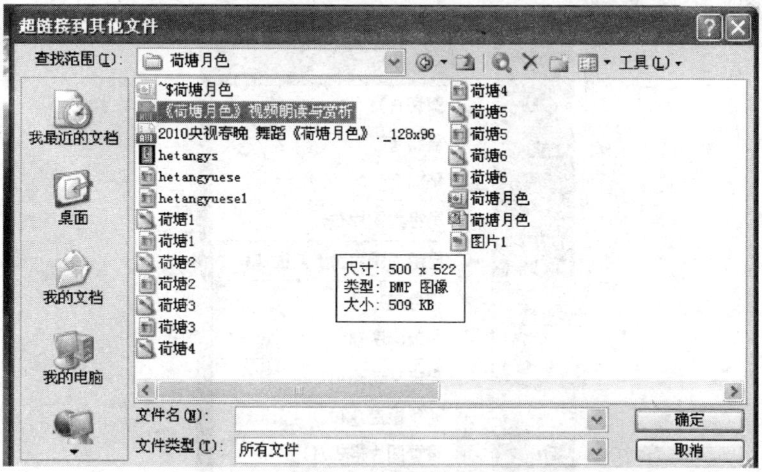

图 4-3-12　链接到所需文件

制作好后，要放映这张幻灯片时，只要单击就有视频文件出现。

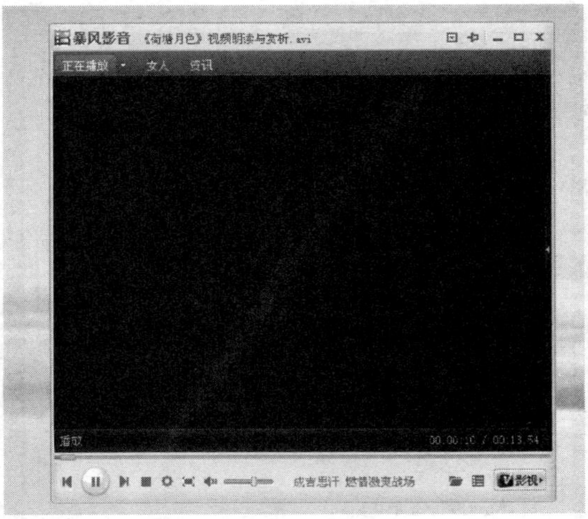

图 4-3-13　效果图

4.3.2　超级链接的应用

应用“超级链接”导入视频。鼠标置于图片上，点右键，选中“编辑超链接”，如图 4-3-14 所示。

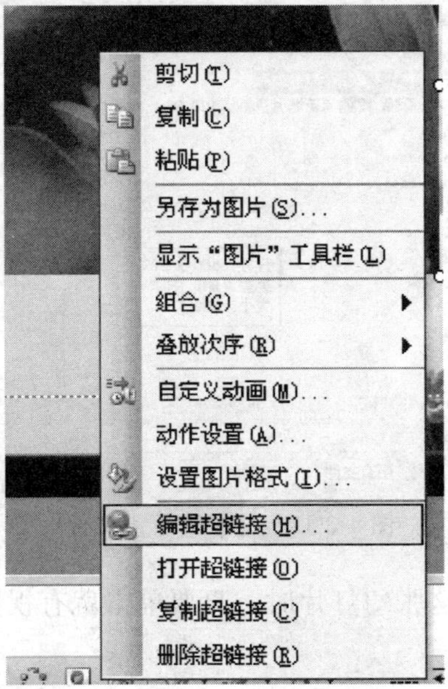

图 4-3-14　编辑超链接

然后进入编辑超链接页面，找到视频文件，点“确定”，如图 4-3-15 所示。效果与上面相同。

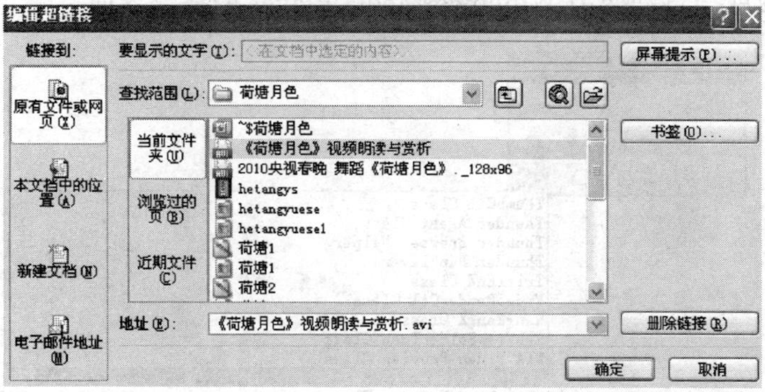

图 4-3-15　查找所需文件

4.3.3　控件播放视频

这种方法就是将视频文件作为控件插入到幻灯片中的，然后通过修改控件属性，达到播放视频的目的。使用这种方法，有多种可供选择的操作按钮，播放进程可以完全由自己控制，更加方便、灵活。该方法更适合 PowerPoint 课件中图片、文字、视频在同一页面的情况。

1. 插入新幻灯片。

2. 将鼠标移动到菜单栏，单击其中的“视图”选项，从打开的下拉菜单中选中“控件工具箱”，再从下级菜单中选中“其他控件”按钮。如图 4-3-16 所示。

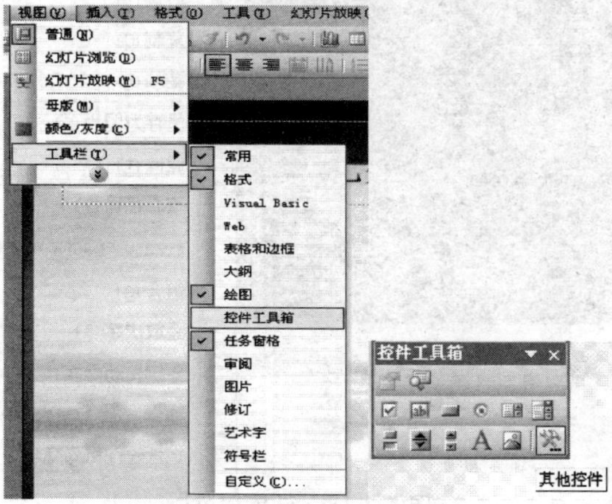

图 4-3-16　调用控件

3. 在随后打开的控件选项界面中，选择“Windows Media Player”选项，再将鼠标移动到 PowerPoint 的编辑区域中，画出一个大小合适的矩形区域，随后该区域就会自动变为 Windows Media Player 的播放界面。

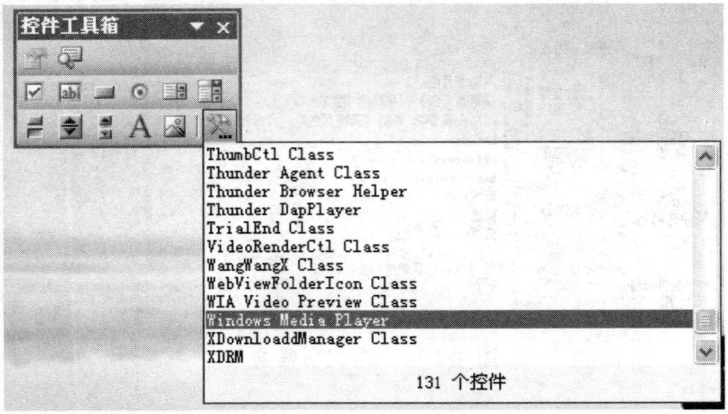

图 4-3-17　查找媒体播放控件

4. 用鼠标选中该播放界面，然后单击鼠标右键，从弹出的快捷菜单中选择“属性”命令，打开该媒体播放界面的“属性”窗口。如图 4-3-18、图 4-3-19 所示。

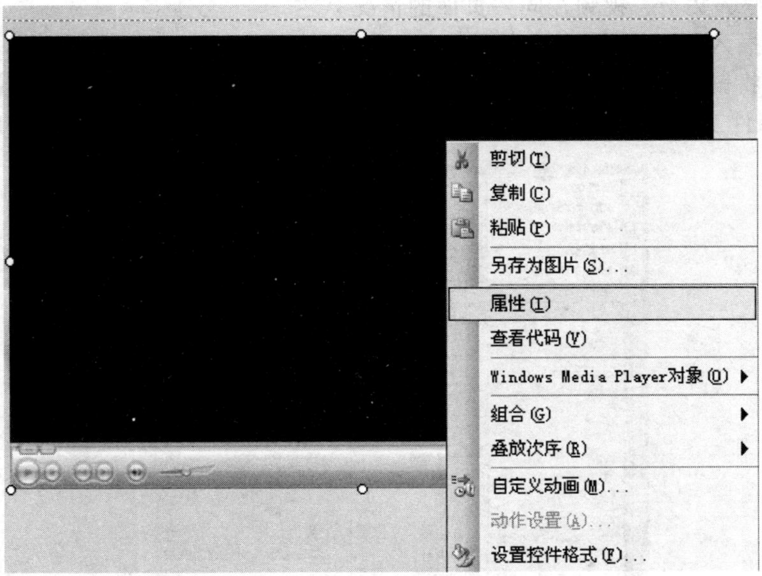

图 4-3-18　设置属性

图 4-3-19　设置播放属性

5. 在“属性”窗口中，在“URL”设置项中正确输入需要插入到幻灯片中视频文件的详细路径及文件名。这样在打开幻灯片时，就能通过“播放”控制按钮来播放指定的视频了。如果要插入 Flash，方法与上相同。在控件列表中找到“Shockwave Flash Object”并单击，“属性”窗口“Movie”一栏右侧的文本框中直接输入 Flash 动画的路径。

4.4　制作树状结构图

图 4-4-1 为课文的写作结构。

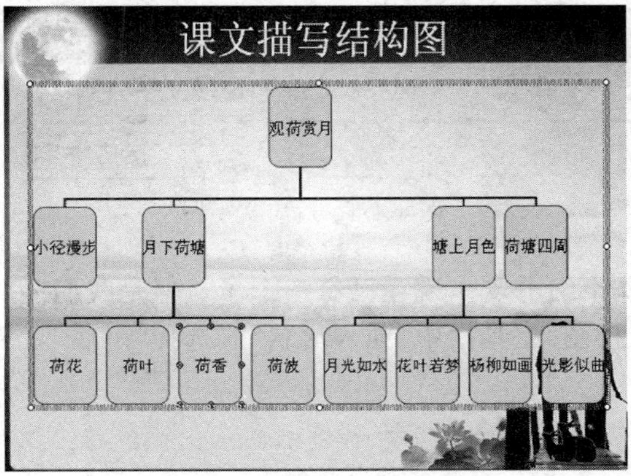

图 4-4-1　课文描写结构示例图

此内容的制作方法为：

第一步，单击“插入”菜单，指向“图片”，选择“组织结构图”命令，打开“Microsoft 组织结构图”窗口，如图 4-4-2 所示。

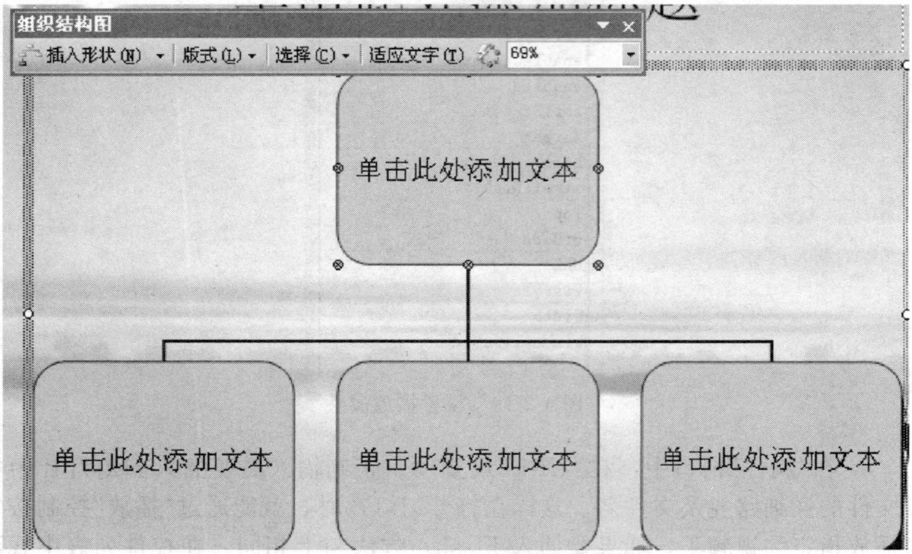

图 4-4-2　插入组织结构图

此时“组织结构图”窗口以及其自有的菜单和工具栏代替了 PowerPoint 的菜单和工具栏，并且两者差别很大，可将鼠标指针移到每个工具栏按钮处并停留几秒，可获得有关该按钮的提示。

然后在第一个方框中输入文字“观荷赏月”。在“组织结构图”工具栏中点击“适应文字”，这样文字会随着窗口自动调整。

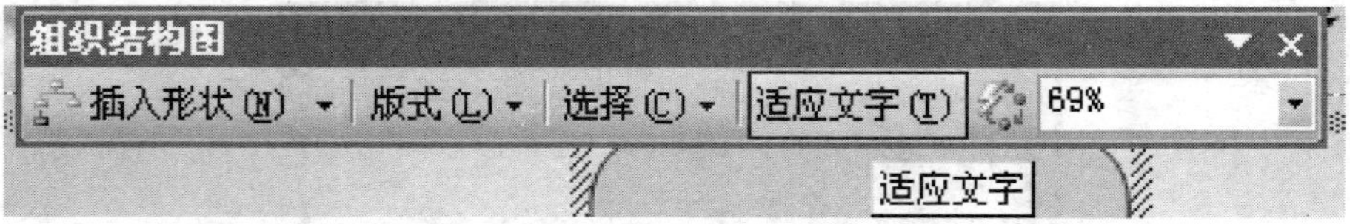

图 4-4-3　适应文字图

第二步，制作下级分支。现在已有三个了，但是我们还要增加一个，其步骤是点击“组织结构图”工具栏中“插入形状”，选择“下属”，要加多少个就点多少下。

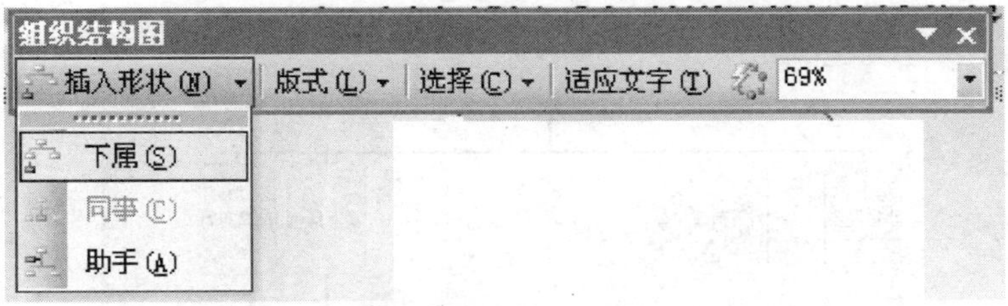

图 4-4-4 设置层级结构

效果如图 4-4-5 所示。

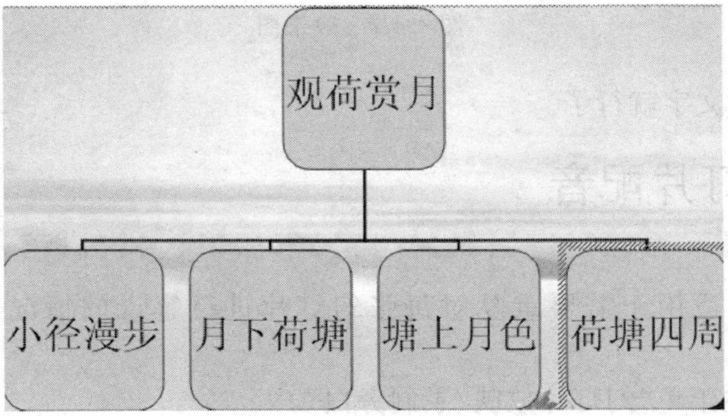

图 4-4-5 组织结构效果图

第三步，制作三级分支，首先点击月下荷塘，然后在“组织结构图”工具栏中“插入形状”，选择“下属”，要加多少个就点多少下。如图 4-4-6 所示。

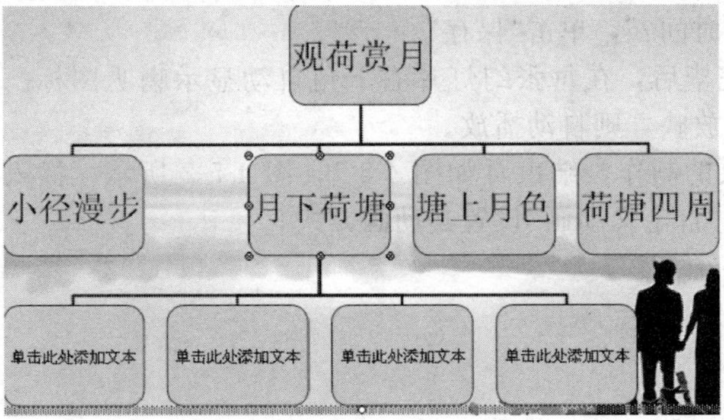

图 4-4-6 添加次级结构

“塘上月色”的分支做法与“月下荷塘”的一致，形成的效果图如图 4-4-7 所示。

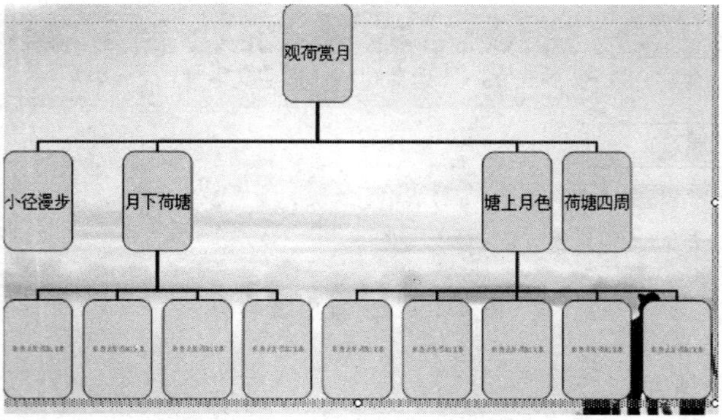

图 4-4-7　效果图

最后填上文字就行了。

4.5　幻灯片配音

这项操作适用于需要重复对每张幻灯片进行解说的情况，解说由自己录制。

1. 选择主菜单“幻灯片放映/录制旁白”。

2. 在“录制旁白”对话框中选中“链接旁白”选项，点击“浏览”选择放置旁白文件的文件夹，单击“确定”。

3. 进入到幻灯片放映状态，一边播放幻灯片一边对着麦克风朗读旁白。

4. 播放结束后，弹出对话框“旁白已经保存到每张幻灯片中，是否也保存幻灯片的排练时间?”，单击“保存”。

5. 录制完毕后，在每张幻灯片右下角自动显示喇叭图标。播放时如果选择按排练时间放映，则自动播放。

6. 结束页的制作，结束页如图 4-5-1，图 4-5-2 所示，插入一张图片，然后点右键选择“自定义动画”设置其动画方式。

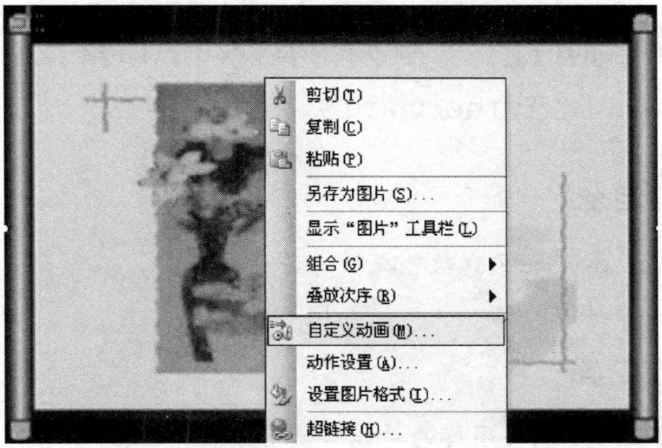

图 4-5-1　自定义动画

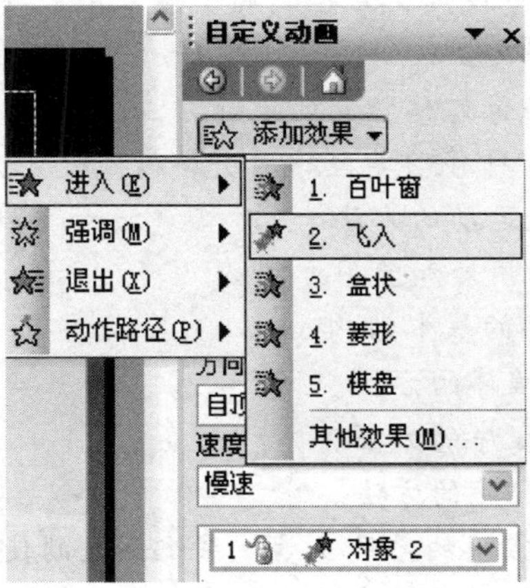

图 4-5-2　设置自定义动画类型

实验五　多媒体课件制作二

（Authorware 7.0 课件制作）

一、学习目标

1. 熟悉 Authorware 7.0 软件提供的各种功能。
2. 能运用 Authorware 7.0 软件制作多媒体课件。

二、训练任务

1. Authorware 中相关图标的功能与使用方法。
2. Authorware 中提供 11 种交互控制的功能与属性。
3. 应用 Authorware 设计交互控制的一般方法。
4. 多媒体教学软件交互控制的设计技巧。
5. Authorware 中声像媒体控制的设计方法。
6. Authorware 中 5 种移动类型的用法和属性设置。
7. 课件中实现变速运动的方法。
8. 拖动在课件中的用处和使用方法。
9. Authorware 程序的基本结构。
10. 形成循环结构程序的方法。
11. 形成判断结构程序的方法。
12. 形成分页结构程序的方法。
13. Authorware 中常用的系统变量、系统函数的使用技巧。
14. Authorware 的调试与发布。

三、操作环境

1. 操作系统：Windows XP
2. 工具软件：Authorware 7.0 软件

5.1　Authorware 的集成开发环境

5.1.1　启动和关闭 Authorware 7.0 系统

1. 启动 Authorware 7.0 系统有 3 种方式：

(1)菜单命令方法　单击“开始/程序/Macromedia/ Macromedia authorware 7.0”菜单。

(2)运行 Authorware 7.0 的“.exe”执行文件。在 Authorware 7.0 的安装目录下双击图标。

(3)双击程序源文件。双击以.a7p 为后缀名的文件。

2. 关闭 Authorware 7.0 时，有 4 种方式：

(1)选择 Authorware 7.0 界面中命令菜单“File / Exit”。

(2)单击界面主窗口右上角的退出按钮，即可退出系统。

(3)双击界面主窗口左上角的系统标志按钮，即可退出系统。

(4)使用组合快捷键 Alt＋F4，也可退出系统。

5.1.2　Authorware 7.0 集成开发环境的操作界面

Authorware 7.0 集成开发环境的操作界面如图 5-1-1 所示。

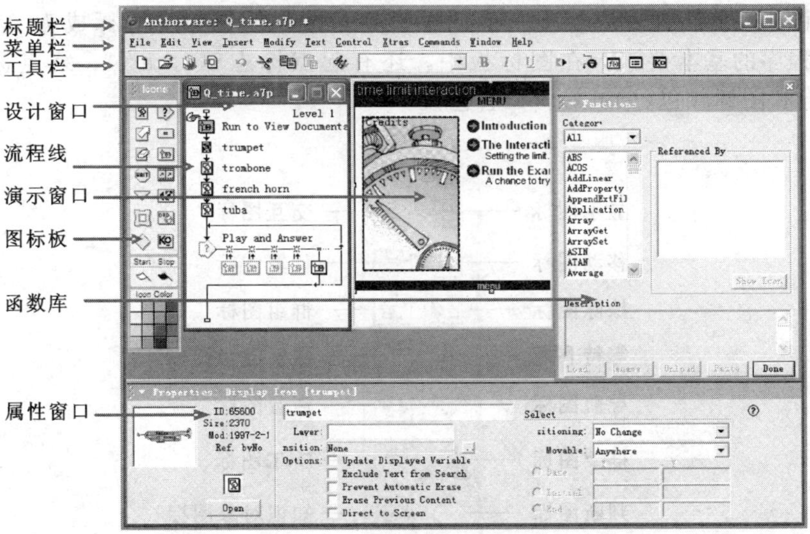

图 5-1-1　Authorware 7.0 集成开发环境的操作界面

5.1.3　Authorware 7.0 的菜单栏

Authorware 7.0 的菜单栏如图 5-1-2 所示，共有 11 个菜单组，点击某个菜单组就会在其下方弹出一个下拉菜单，下拉菜单中的每个选项都是一个特殊的命令，可以完成某个特定的功能或设置一些特殊控制。

图 5-1-2　Authorware 7.0 的菜单栏

5.1.4 Authorware 7.0 的工具栏

Authorware 7.0 在实际编程过程中，菜单栏中某些命令选项的使用频率远高于其他选项，因而将这些使用频率较高的命令选项集中起来形成了另一个工具栏，以提高工作效率。Authorware 7.0 的工具栏如图 5-1-3 所示。

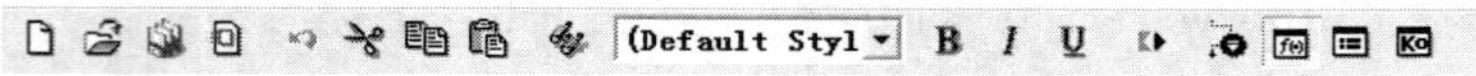

图 5-1-3 Authorware 7.0 的工具栏

5.1.5 Authorware 7.0 的图标板

图 5-1-4 所示是 Authorware 7.0 图标板，它是编制 Authorware 程序的工具和关键。其中的 14 个设计图标都具有不同的特殊功能，围绕各自的特殊功能每个图标又都有着内容丰富的属性设定，这就使得每个图标成为 Authorware 程序的基本要素。在图标板中，还有起点标志旗(Start)、终点标志旗(Stop)和图标颜色(Icon Color)着色板。

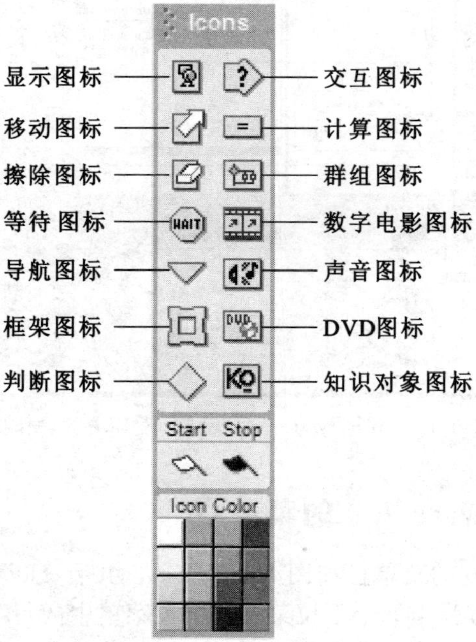

图 5-1-4 Authorware 7.0 的图标板

5.1.6　Authorware 7.0 的常用功能窗口

(1)程序设计窗口

(2)计算窗口

(3)演示窗口

(4)控制面板与调试跟踪窗口

(5)知识对象窗口

5.2　Authorware 中相关图标的功能与使用方法

5.2.1　显示图标(Display)

该图标是 Authorware 中最重要、最基本的图标，主要用于显示文本、图形和图像。利用各种方法可以在演示窗口中引入文本、图形和图像或直接制作文本和图形等素材。

1. 显示图标的使用

(1)用鼠标指针拖动放在图标栏的显示图标到设计窗口的流程线上的某个位置，释放鼠标左键，一个新的显示图标便生成了。

(2)给图标命名。点中流程线上的显示图标，在其右侧键入名称。命名时应尽量使名称与该图标的内容相关。

(3)双击设计窗口中的显示图标，弹出演示窗口。

(4)在演示窗口中创建或编辑文本、图形和图像。

(5)设置显示图标的属性。

(6)在以后需要随时快速查询该显示图标内容时，可选中该图标，点击右键，选择下拉菜单 Preview 选项，可出现图标内容的缩略图。

2. 显示图标的属性

显示图标的属性对话框如图 5-2-1 所示。

(1)图标信息显示区　　(2)图标名称文本框

(3)Layer(层)文本框　　(4)Transition(过渡)列表框

(5)Option(选项)复选栏

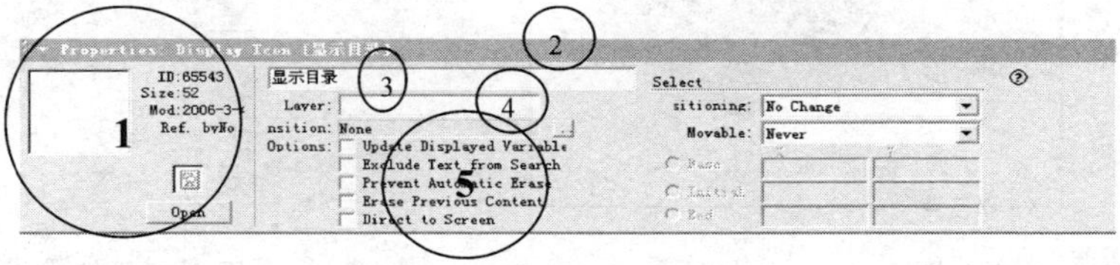

图 5-2-1　显示图标的属性

3. 示例 1：设置课件背景

(1)设置流程线

在流程线上放置两个显示图标，分别命名为“图片”“文字”，如图 5-2-2 所示。

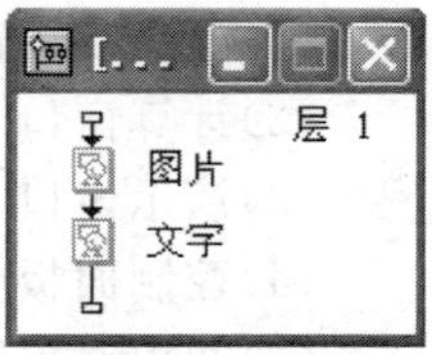

图 5-2-2　设置流程线

(2)导入图片

双击“图片”显示图标，打开演示窗口，单击工具栏中的“导入”图标。打开“导入哪个文件?”对话框，如图 5-2-3 所示，在“查找范围”下拉框中选择图片保存路径，单击图片文件，单击“导入按钮”。导入的图片显示在演示窗口。如图 5-2-4 所示。

(3)输入文字

双击“文字”显示图标，打开演示窗口，“图文工具箱”如图 5-2-5 所示。在“文本”图标上单击，选择文本工具，鼠标移至演示窗口时呈光标状，此时，在要输入文字的位置单击，并输入文字，如图 5-2-6 所示。

单击工具栏中的“运行”图标，运行效果如图 5-2-7 所示。

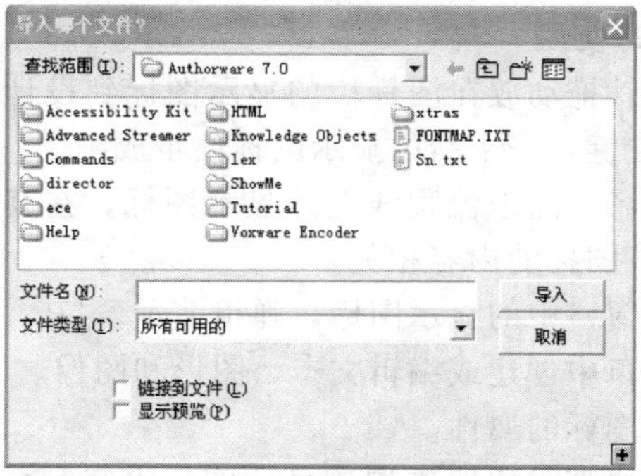

图 5-2-3　导入图片

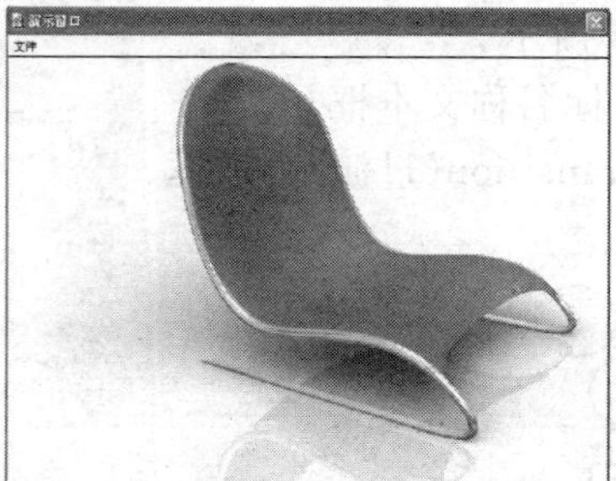

图 5-2-4　选中图片

图 5-2-5　图文工具箱

图 5-2-6 输入文字

图 5-2-7 效果图

5.2.2 移动图标(Motion)

该图标主要用于移动显示对象以产生动画效果。该设计图标本身并不含有要移动的对象，必须与具有显示功能的设计图标结合起来使用才能实现显示对象的动画效果。具有显示功能的设计图标包括显示图标、交互图标、数字电影图标和计算图标(该图标可运用函数和变量绘制图形对象)。Authorware 中提供的 5 种移动类型的用法和属性设置在后面详细介绍。

5.2.3 擦除图标(Erase)

擦除图标主要用于擦除该图标前程序中被指定的已显示过的显示图标、交互图标、数字电影图标和计算图标等具有显示功能的设计图标中的全部内容。在程序运行的过程中，某些内容在演示窗口中显示之后已完成了任务，但没有自动消失，这就需要用一个擦除图标指定擦除不再需要的显示内容。

1. 擦除图标的使用

(1)在被擦除的图标对象流程线下面创建擦除图标。

(2)选择所有被擦除的可视文件对象。打开所有要擦除图标对象的演示窗口，然后点中流程线上的擦除图标，此时就会处于擦除图标属性设置对话框的工作状态下，可以逐次单击各演示窗口中的可视文件对象，也可以直接将被擦除的图标拖放到擦除图标上即可。

(3)设置擦除图标文件属性。选择合适的擦除过渡效果、确定是否选择防止交叉过渡选项、设置擦除图标对象的移去或保留等。

2. 擦除图标的属性

擦除图标属性如图 5-2-8 所示。

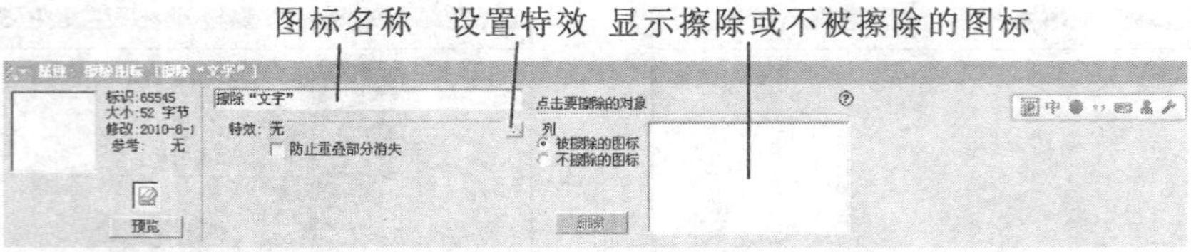

图 5-2-8　擦除图标属性面板

3. 示例 2：擦除背景

（1）创建擦除图标。

在示例 1 中的"文字"图标下方拖入一个擦除图标并命名为"擦除背景"。如图 5-2-9 所示。

（2）擦除图标。

双击"图片"图标，打开演示窗口，单击"擦除背景"图标，打开擦除图标属性窗口如图 5-2-8 所示，在演示窗口中的图片上单击，图片被擦除并在属性窗口的"被擦除图标框"中显示"图片"图标。单击"特效"按钮，打开擦除模式对话框如图 5-2-10 所示，选择不同的擦除特效实现擦除图标的消失效果，"周期"表示擦除所用的时间，"平滑"表示擦除表面的光滑度。本例中分类选择"内部"，特效选择"逐次涂层"，周期为 2 秒。单击"应用"按钮。单击工具栏中的"运行"图标，观看运行效果。要擦除"文字"图标可参照擦除"图片"图标。

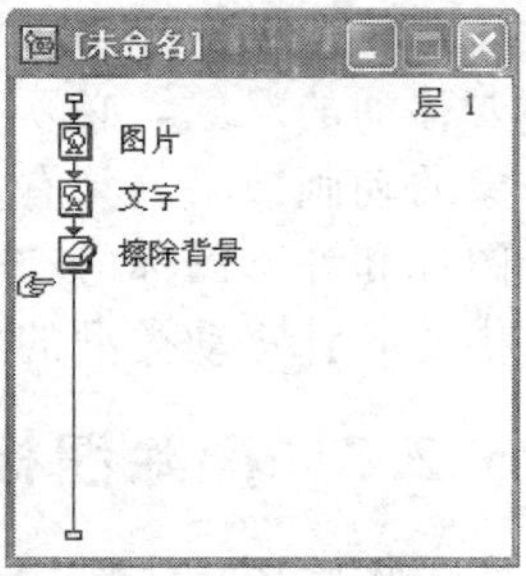

图 5-2-9　插入擦除图标

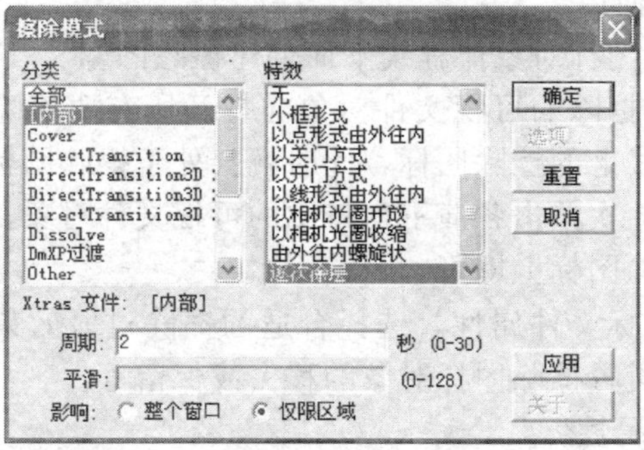

图 5-2-10　擦除图标属性窗口

5.2.4　等待图标(Wait)

1. 等待图标的使用

等待图标主要用于暂停程序的运行。在程序运行过程中，有时需要暂停一段时间，给用户以足够的时间看清显示内容、进行思考或给用户创造一种交互的机会。当程序运行到该图标时，程序进入暂时等待状态，然后程序会根据该图标的属性设置情况采用等待一段设定的时间、由用户单击鼠标或敲击键盘等方式来结束等待，程序继续运行。

2. 等待图标的属性

等待图标的属性窗口如图 5-2-11 所示。

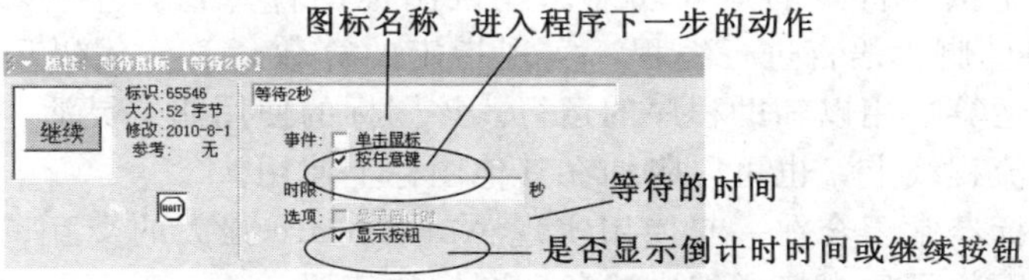

图 5-2-11　等待图标的属性面板

需要注意的是，数字电影图标和声音图标并不受等待图标的制约，当程序运行到等待图标时，它们将持续完成其播放任务。

5.2.5　导航图标(Navigate)

导航图标需与框架图标(Framework)配合使用。可以建立框架结构中指定设计图标间的导向链接，实现特定图标间的跳转功能，也可以建立任意程序点与框架结构中某一指定图标间的导向链接，实现超级链接功能。

5.2.6　框架图标(Framework)

框架图标需与其下挂的其他设计图标(子图标)配合使用才有实际意义。其下挂的设计图标被称为“页”，这些“页”可以是 Authorware 所提供的所有设计图标或其组合子程序图标(群组图标)。该图标提供了一种可以在程序中建立导向链接的组织方法，用以建立和管理超文本和超媒体程序中的“页”。

5.2.7　判断图标(Decision)

判断可以用于建立一种分支判断结构。下挂于该图标分支上的设计图标被称为路径图标，这些路径图标可以是 Authorware 所提供的所有设计图标或其组合子程序图标。当程序运行到该图标时，会根据事先对该图标的属性设置条件自动判断执行分支结构的哪一条路径、循环执行多少次和循环执行各路径的次序。因此，也可以把判断图标称为分支图标或循环图标。

5.2.8 交互图标(Interaction)

该图标用于建立一种交互分支结构，这种交互分支结构通常是由交互图标和附属于它的放在各分支中的其他设计图标组成的。每一分支可以事先设定不同的交互类型，而分支中的各类图标就是交互反馈的结果。当程序运行到交互图标时，将停止运行，等待用户的反馈选择，以实现程序与用户之间的人性化的灵活交互，这也是 Authorware 最有特色的地方。

5.2.9 计算图标(Calculation)

主要用于执行特定的运算功能。在该图标的计算窗口中可以用 Authorware 所提供的脚本语言进行编程，实现指定的算数运算、代码运算和特定控制函数等的运算，用以辅助程序的运行。该图标的使用非常灵活，既可以单独直接放在主流程线上，也可以附加在其他图标上使用。

以上图标经常配合在一起使用实现 Authorware 强大的交互、导航、链接功能。在后面的示例中将详细讲述各个图标的使用。

5.2.10 群组图标(Map)

群组图标主要用于对其他设计图标的管理。该图标与其他设计图标有所不同，它本身并不具备执行任何程序指令的功能，它的作用是将一组具有一定整体功能的设计图标组合成一个单一的图标。显然这组设计图标的逻辑结构与功能也就自然成为群组图标内部的逻辑结构与整体功能，使得群组图标成为一个相对独立的功能模块。利用群组图标可以简化程序结构，减少设计窗口的占用面积，便于大型程序的设计，也便于程序的调整、修改，便于程序的模块化设计和管理。

5.2.11 数字电影图标(Digital Movie)

数字电影图标主要用于引入各种格式的数字电影素材。该图标利用其属性设置可以对引入的数字电影的播放速度、播放时间和播放的起始终止位置进行控制。

5.3 Authorware 中各种交互控制的功能与属性

5.3.1 应用 Authorware 设计交互控制的一般方法

1. 条件交互

条件交互即指程序对用户的操作进行判断，当操作结果满足一定的条件时，就会执行条件响应。条件交互通常与其他交互一起使用。

(1)创建条件交互

创建条件交互可以通过以下的步骤进行：

①在流程线上添加一个显示图标并输入文字；

②在流程线上添加一个交互图标；

③在交互图标的右面添加一个显示图标，弹出交互响应对话框，选择条件，单击“确定”按钮；

④双击该显示图标输入文字；

⑤双击交互标志输入条件；

⑥在交互图标的右面再添加一个显示图标，重复③、④步骤；

⑦在交互图标的右面再添加一个显示图标并设置为文本输入交互，设置属性；

⑧单击工具栏中的运行按钮运行程序就可以看到条件交互效果。

(2)设置条件交互属性

条件交互属性包括两类(如图 5-3-1 和图 5-3-2 所示)：

①条件标签：a. 交互条件；b. 自动检查交互条件；关：只有用户输入响应时才判断是否执行该分支；为真：当条件为真时执行该分支；当由假转为真：当条件由假转为真时执行该分支。

图 5-3-1　条件交互条件标签

②响应标签：与按钮响应的设置完全相同。

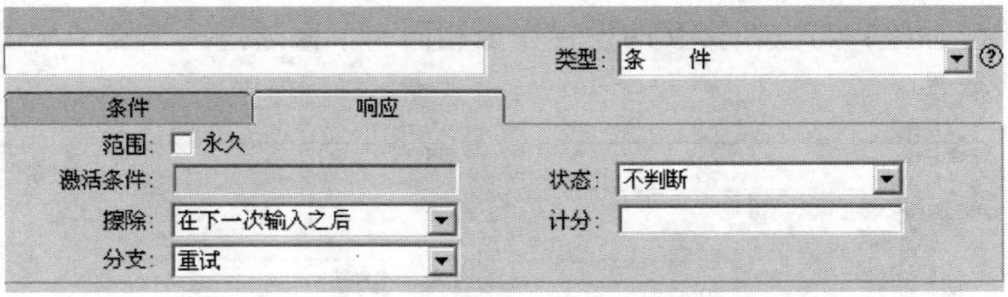

图 5-3-2　条件交互响应标签

条件交互经常与其他类型的交互结合起来使用，条件交互的应用示例将在文本输入交互示例中一并介绍。

2. 文本输入交互

文本输入交互是指用户输入一定的文本作为交互的方式。下面将给大家介绍如何创建文本输入交互以及如何设置它的属性。

(1)创建文本输入交互

创建文本输入交互可以通过以下的步骤进行：

①在流程线上添加一个交互图标；

②在交互图标的右面添加显示图标，弹出交互响应对话框；

③选择文本输入，单击确定按钮；

④双击响应标志，输入匹配文本；

⑤双击该显示图标，输入响应后出现的文本；

⑥单击工具栏中的运行按钮运行程序，输入匹配文本后即可看到文本输入交互效果。

(2)设置文本输入交互属性

文本输入交互属性包括两类(如图 5-5-3 和图 5-3-4 所示)：

①文本输入标签：a. 模式：匹配文本；b. 最低匹配：用户至少应该输入几个单词与匹配文本相匹配；c. 增强匹配：将用户几次输入的文本相加后再匹配；d. 忽略：使用该选项决定对用户响应在什么情况下，系统认为它同匹配文本相匹配；大小写：忽略大小写；空格：忽略空格；附加单词：忽略多余文字；附加符号：忽略标点；单词顺序：忽略单词顺序。

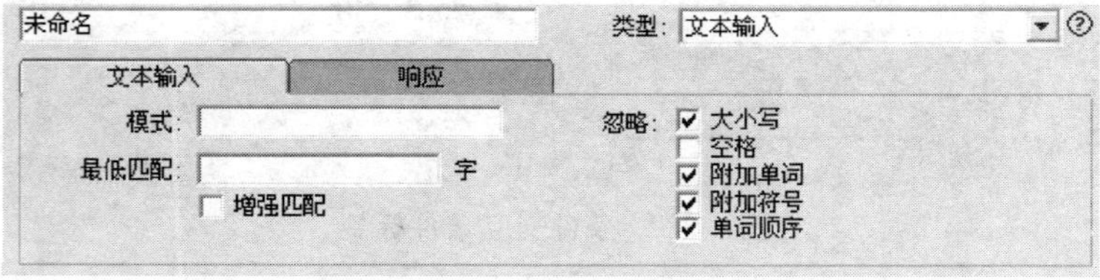

图 5-3-3　文本输入交互文本输入标签

②响应标签：与按钮交互的设置完全相同。下面通过一个例子来说明如何设置这些属性。

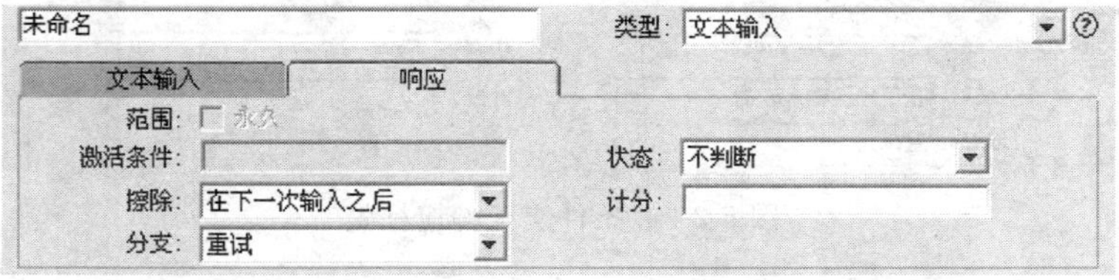

图 5-3-4　文本输入交互响应标签

示例：做加法题

做加法题这个例子，运用条件和文本输入两种交互类型设计了一个给学习者出加法题，并记录总得分这样一个学习游戏。

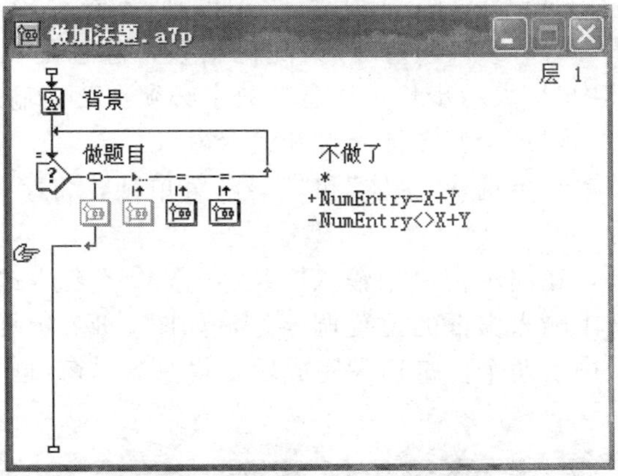

图 5-3-5　“做加法题”程序流程图

(1)“背景”显示图标制作

①双击“背景”图标，将显示图标演示窗口打开。

②选择“文本”菜单，再选择“字体”和“字号”菜单项，将字体设置为“宋体”，将字体大小设置为“24”。

③选择绘图工具箱中的文本工具图标，分别输入背景提示信息，“请计算下面的题目，看看你能得多少分?”，“ 你的总共得分为：{TotalScore}”。注意，其中{TotalScore}用的是大括号，TotalScore 是之后将要定义用来计分的变量。用选择工具图标调整文本在窗口中的位置。将演示窗口关闭。

图 5-3-6　“背景”图标制作

(2)交互图标“做题目”设置

①右键单击“做题目”交互图标，在弹出的快捷菜单中选择“计算”命令，将出现一个类似计算图标的对话框。在该对话框中，定义两个变量X和Y。

先输入“X：＝Random(0，100，1)”，再换行输入“Y：＝Random(0，100，1)”，其中Random(0，100，1)为随机函数，意思是在(0，100)范围随机抽取一个数，其中“1”表示步长。注意，数字必须在英文输入状态下输入。

②左键双击“做题目”交互图标，打开演示窗口。

选择“文本”菜单，再选择“字体”和“字号”菜单项，将字体设置为“宋体”，将字体大小设置为“30”。

选择文本工具，在演示窗口中输入“{X}＋{Y}＝”表达式，用选择移动工具将该表达式与文本输入虚框的位置调整好，如图5-3-7所示。注意，两个变量必须放在大括号中。两个变量输入完成后，将在演示窗口中出现随机抽取的数字。

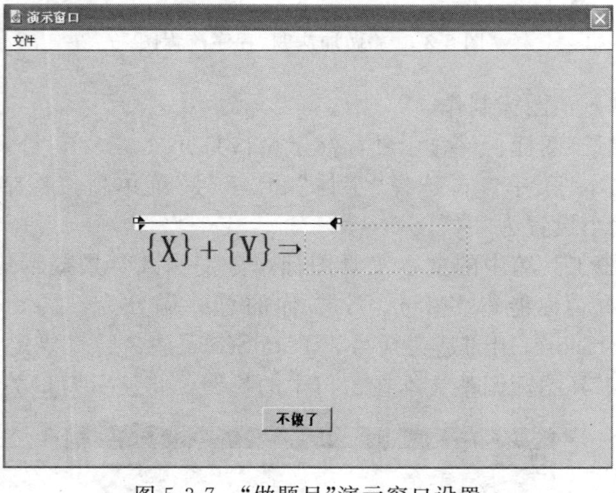

图5-3-7 “做题目”演示窗口设置

(3)“不做了”按钮交互图标设置

①双击“不做了”图标交互标志，将按钮交互属性对话框打开，如图5-3-8所示。

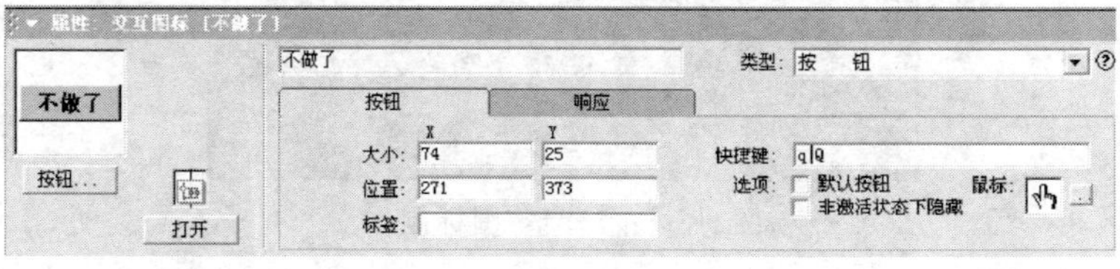

图5-3-8 “不做了”图标属性设置

②在按钮选项卡中，将“快捷键”设置为“q｜Q”，意为，快捷键是“q”或“Q”，将鼠标设置为“手型”。

③在“响应”选项卡中，将“擦除”设置为“在下一次输入之后”，“分支”设置为“退出交互”，“状态”设置为“不判断”，“范围”和“激活条件”不做设置。

④“不做了”下属分支不加入任何内容。

(4)“＊”文本输入交互图标设置

①双击“＊”图标交互标志，打开文本输入属性对话框，设置其属性。

“文本输入”选项卡中的内容不做任何设置。

“响应”选项卡中，将“擦除”设置为“在下一次输入之后”，“分支”设置为“继续”，“状态”设置为“不判断”，“范围”和“激活条件”不做设置。

②“＊”下属分支不加入任何内容。

(5)“NumEntry＝X＋Y”图标设置

①双击“＝”图标交互标志，打开条件属性对话框，设置其属性。

选择“条件”选项卡，“条件”中输入表达式“NumEntry＝X＋Y”，“自动”中选择“关”，如图 5-3-9 所示。NumEntry 为系统变量，其作用就是存放键盘输入的数字或字符。表达式“NumEntry＝X＋Y”的意思是将键盘输入的数字或字符与变量 X 与 Y 的和进行比较，看它们是否相等，相等则执行“NumEntry＝X＋Y”图标的分支中的程序。

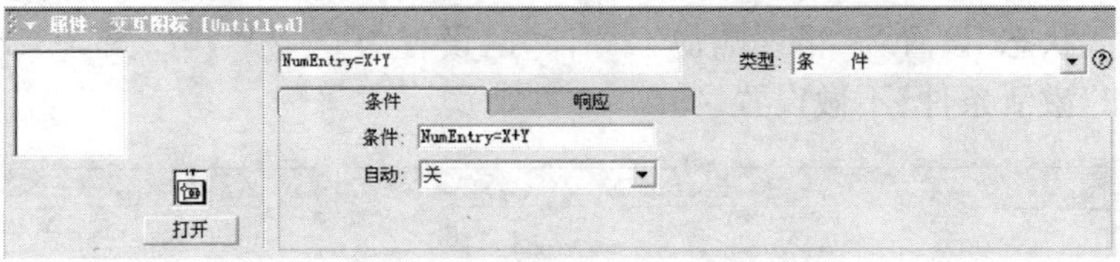

图 5-3-9　“NumEntry＝X＋Y”图标条件选项卡设置

选择“响应”选项卡，将“擦除”设置为“在下一次输入之后”，“分支”设置为“继续”，“状态”设置为“正确响应”，“计分”设置为“20”，如图 5-3-10 所示。“范围”和“激活条件”不做设置。

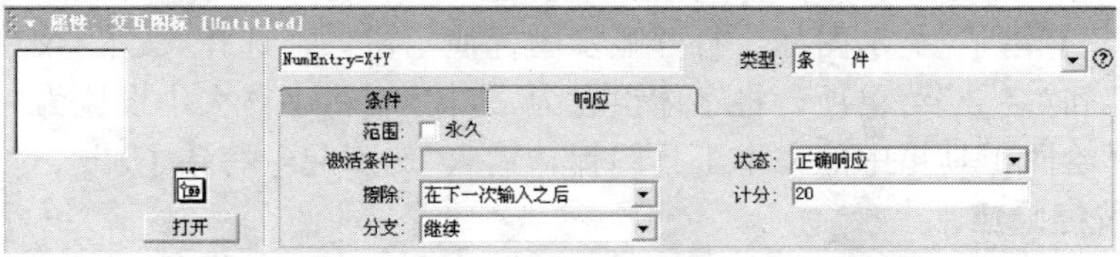

图 5-3-10　“NumEntry＝X＋Y”图标响应选项卡设置

②“=”下属分支显示图标“答对了”设置。

双击“答对了”显示图标，打开显示图标演示窗口，选择“文本”菜单，再选择“字体”和“字号”菜单项，将字体设置为“宋体”，将字体大小设置为“30”。

选择绘图工具箱中的文本工具图标，输入“恭喜你答对了!”，关闭演示窗口。

(6)“NumEntry<>X+Y”图标设置

①双击“=”图标交互标志，打开条件属性对话框，设置其属性。

选择“条件”选项卡，“条件”中输入表达式“NumEntry<>X+Y”，“自动”中选择“关”，如图 5-3-11 所示。表达式“NumEntry<>X+Y”的意思是将键盘输入的数字或字符与变量 X 与 Y 的和进行比较，看它们是否不相等。满足不相等这个条件则执行“NumEntry<>X+Y”图标的分支中的程序。

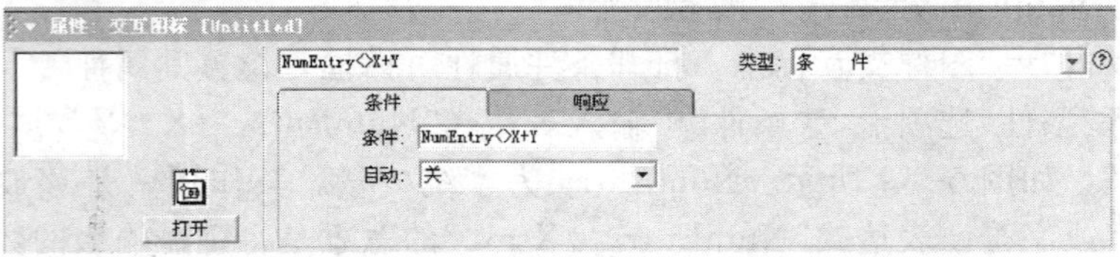

图 5-3-11 “NumEntry<>X+Y”图标条件选项卡设置

选择“响应”选项卡，将“擦除”设置为“在下一次输入之后”，“分支”设置为“继续”，“状态”设置为“错误响应”，“计分”设置为“-20”，如图 5-3-12 所示。“范围”和“激活条件”不做设置。

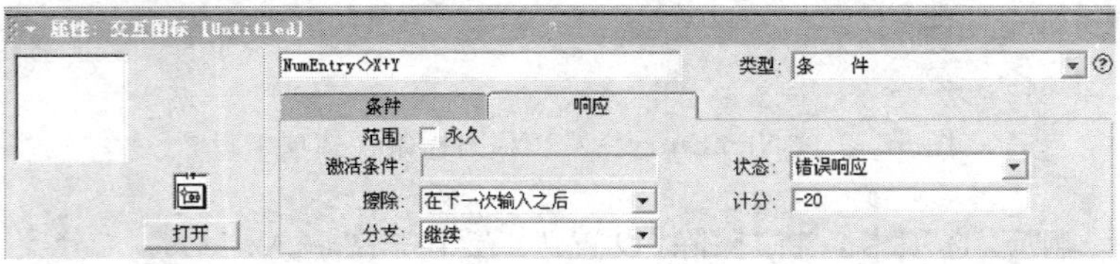

图 5-3-12 “NumEntry<>X+Y”图标响应选项卡设置

②“=”下属分支显示图标“答错了”设置。

双击“答错了”显示图标，打开显示图标演示窗口，选择“文本”菜单，再选择“字体”和“字号”菜单项，将字体设置为“宋体”，将字体大小设置为“30”。

选择绘图工具箱中的文本工具图标，输入“对不起，答错了!”

3. 按键响应

按键交互即指用户只要按照屏幕上的提示敲击键盘的某一个或多个键的组合就能够选择程序的流向。下面介绍如何设置按键交互。

(1)创建按键交互

创建按键交互可以通过以下的步骤进行：

①在流程线上添加一个交互图标；

②在交互图标的右面添加显示图标，弹出交互响应对话框；

③选择按键，单击确定按钮；

④双击显示图标，输入响应后出现的文本；

⑤双击响应标志，输入按键名称；

⑥单击工具栏中的运行按钮运行程序即可看到按键交互效果。

(2)设置按键交互属性

按键交互属性包括两类(如图 5-3-13 和图 5-3-14 所示)。

图 5-3-13　按键交互按键标签

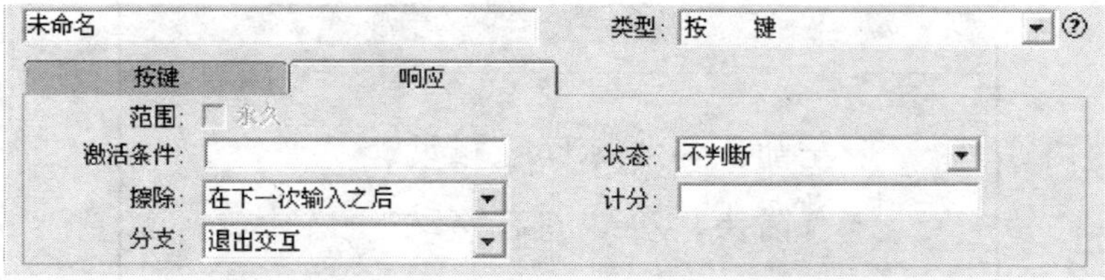

图 5-3-14　按键交互响应标签

①按键标签：快捷键：响应键的名称。

②响应标签：与按钮响应的设置完全相同。

示例：移动的小球

以下以一个小游戏的设计来说明按键交互图标的使用方法。该游戏要实现的功能，是通过控制左右方向键来控制小球在框架中左右移动。

(1)“框架和提示信息”显示图标的制作(如图 5-3-16)

①双击“框架和提示信息”图标，将显示图标演示窗口打开。

②双击绘图工具箱上的直线工具图标，在线型对话框中选择较粗的线型作为我们绘图的线型。

③单击绘图工具箱中的矩形工具图标，然后在屏幕上绘制出一个矩形，再复制该矩形，粘贴 4 次，得到五个矩形，将五个矩形排列对齐。

④选择“文本”菜单，再选择“字体”和“字号”菜单项，将字体设置为“宋体”，将字体大小设置为“24”。

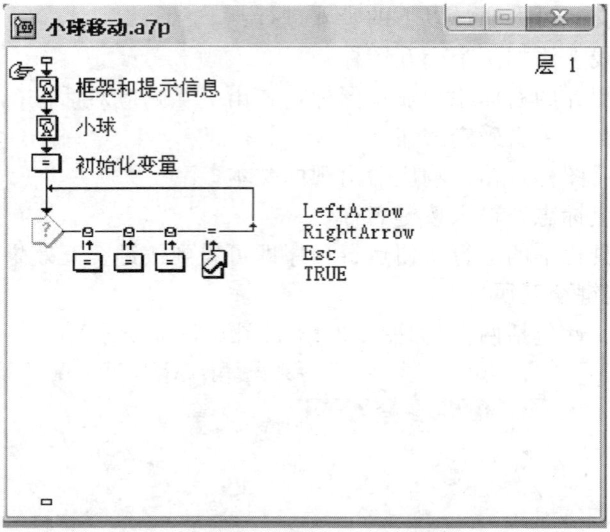

图 5-3-15 “移动的小球”流程图

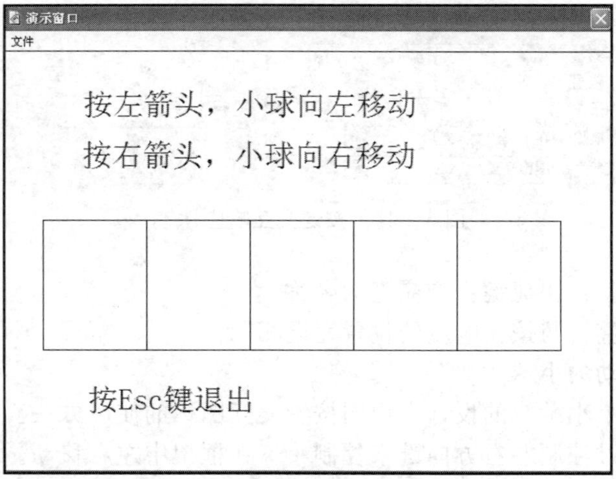

图 5-3-16 框架和提示信息界面

⑤选择绘图工具箱中的文本工具图标，分别输入各个响应键的提示信息，“按左箭头，小球向左移动”，“按右箭头，小球向右移动”，“按 Esc 键退出”。用选择工具图标调整文本在窗口中的位置。将演示窗口关闭。

(2)制作“小球”显示图标

①双击“小球”显示图标，将显示图标的展示窗口打开。

②双击绘图工具箱中的直线工具图标，将线型对话框激活，在线型对话框

中选择较粗的线型作为我们绘图的线型。

③双击绘图工具箱中的矩形工具图标，将填充对话框激活，在对话框中选中黑色块，将图形内部全部填充。

④双击绘图工具箱中的椭圆工具图标，将调色对话框激活，在对话框中选中红色块，将图形前景色设置为红色。

⑤单击绘图工具箱中的椭圆工具图标，然后在屏幕上绘制出小球。

⑥单击绘图工具箱中的选择工具图标，调整小球的位置。

⑦单击工具栏的图标标志，将演示窗口关闭。

(3)变量初始化

①双击“初始化变量”图标，将计算图标编辑窗口打开。在编辑窗口中输入“position：＝50”

②单击编辑窗口上的图标标志，关闭编辑窗口。

③屏幕上弹出确认修改对话框后，单击“OK”按钮，确认做出修改。

(4)按键交互设置

①双击“LeftArrow” 交互标志，将按键交互属性对话框打开，如图 5-3-17 所示。

图 5-3-17 “LeftArrow”按键属性设置

在“按键”输入框中输入“LeftArrow”作为响应键的名称，快捷键一定要加上双引号。

②单击“响应”标签，将对话框切换到响应选项卡，将“响应”选项卡中的选项设置如下：

在“激活条件”选项中输入“position ＞0”，将“擦除”选项设置为“下次输入之后”，在“状态”选项中选择“不判断”，在“分支”选项中选择“重试”。

(5)设置“LeftArrow”按键交互下属的计算图标

①双击“LeftArrow”图标，将计算图标边界编辑窗口打开。在编辑窗口中输入“position：＝position－25” 。

②单击编辑窗口中的图标标志，关闭编辑窗口。

③屏幕上弹出确认修改对话框后，单击“确定”按钮，确认做出修改。

(6)设置“RightArrow”按键交互下属的计算图标

①双击“RightArrow”图标，将计算图标边界编辑窗口打开。在编辑窗口

中输入“position：＝position＋25”。

②单击编辑窗口中的图标标志，关闭编辑窗口。

③屏幕上弹出确认修改对话框后，单击“确定”按钮，确认做出修改。

(7)设置“Esc”按键交互下属的计算图标，退出程序

①双击“Ecs”图标，将计算图标边界编辑窗口打开。在编辑窗口中输入“Quit()”。

②单击编辑窗口中的图标标志，关闭编辑窗口。

③屏幕上弹出确认修改对话框后，单击“确定”按钮，确认做出修改。

(8)设置“TRUE”条件交互内容

①双击“TRUE”条件交互图标，将条件交互对话框打开，如图 5-3-18 所示。

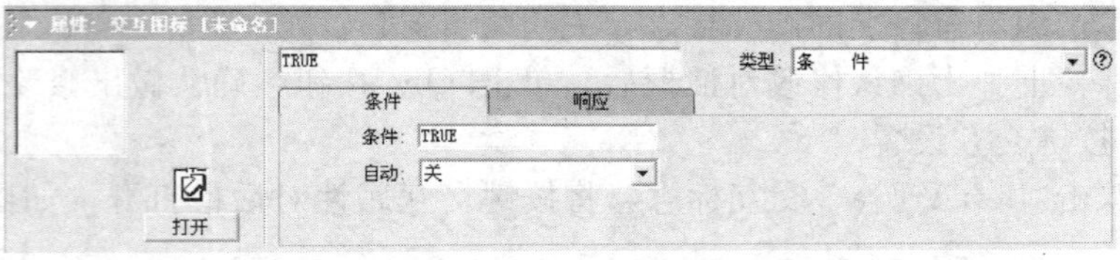

图 5-3-18　“TRUE”图标属性设置

首先设置“条件”选项卡的选项

在“条件”输入框中输入“true”，在“自动”选项中选择“关”。

②单击“响应”按钮，将属性对话框切换到“响应”选项卡，将“响应”选项卡的选项设置如下：

将“擦除”选项设置为“下次输入之后”，在“状态”选项中选择“不判断”，在“分支”选项中选择“重试”。

(9)条件交互下属的移动图标的制作

①双击移动图标，将移动图标属性对话框打开，如图 5-3-19 所示。

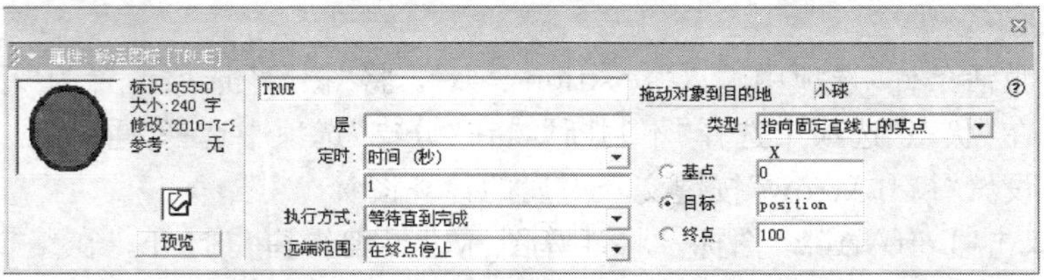

图 5-3-19　条件交互下属移动图标属性设置

将“类型”选项设置为“指向固定直线上某点”。

②单击“运行”按钮，将属性对话框切换到布局对话框。

③再次单击移动图标，然后在布局对话框中设置指定直线和目标地点。

选中“基点”选项，将演示窗口中的小球放置在框架的第一个小格中，再选中“终点”选项，将小球放置在框架的最后一个小格中，最后选中“目标”选项，输入“position”变量。

④单击“运行”按钮，试试你做的游戏吧！

4. 重试限制交互

重试限制交互用来限制用户输入的交互次数，既允许合法用户出现一定次数的错误，又防止了非法用户的入侵。通常不单独使用，多作为其他交互方式的辅助。

(1)创建重试限制交互

创建重试限制交互可以通过以下的步骤进行：

①在交互图标的右面添加一个显示图标；

②双击响应标志，选择最大重试限制，输入最多重试次数，单击确定按钮；

③双击显示图标，输入文字；

④单击工具栏中的运行按钮运行程序即可看到重试限制交互效果。

(2)设置重试限制交互属性

重试限制交互属性包括两类(如图 5-3-20 和图 5-3-21 所示)。

图 5-3-20　重试限制交互重试限制标签

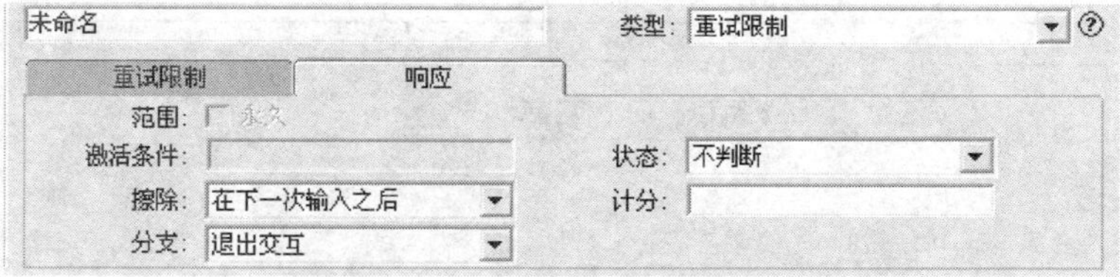

图 5-3-21　重试限制交互响应标签

①重试限制标签：最大限制：最多重试次数。

②响应标签：与按钮交互的设置完全相同。

示例：猜数字游戏

以下的例子是一个猜数字游戏，通过随机函数抽取一个，给 3 次机会让游戏者猜，猜错了，提示猜的数字过大还是过小，以及还有几次机会；猜对了，给出恭喜的标志和话语。

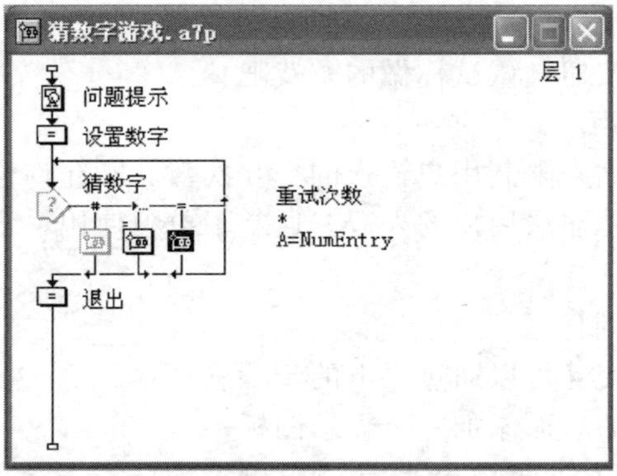

图 5-3-22 “猜数字游戏”程序流程图

(1)“问题与提示”图标设置

双击“问题与提示”显示图标，打开演示窗口，再选择文本工具，在窗口中输入信息“请猜猜 1～20 之间的数，看看你的运气如何”。

(2)“设置数字”图标设置

双击“设置数字”计算图标，在弹出的对话框中输入“A：= Random(0，20，1)”，关闭对话框，确认设置的新变量。

(3)“重试次数”图标设置

①双击“重试次数”重试限制图标标记，设置交互响应属性。选择“重试限制”选项卡，将“最大限制”设置为“3”，再选择“响应”选项卡，将“擦除”选项设置为“下次输入之后”，在“状态”选项中选择“不判断”，在“分支”选项中选择“退出交互”。

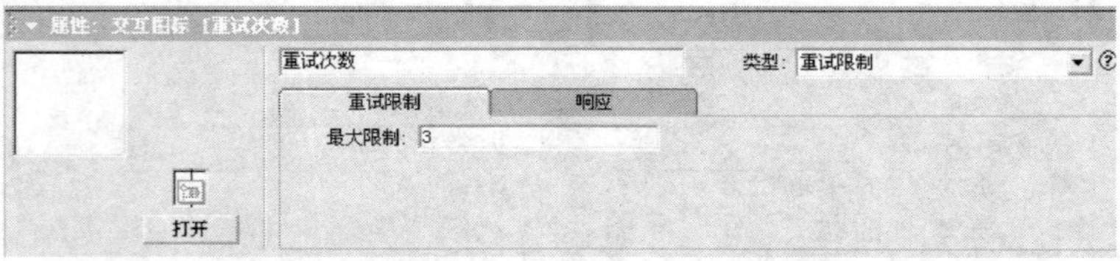

图 5-3-23 “重试次数”图标属性设置

②该图标下属的分支，是一个空的分支，不执行任何程序。

(4)“ * ”图标设置

①双击“ * ”文本输入图标标记，打开文本输入交互属性对话框，“文本输入”选项卡不做任何设置；选择“响应”选项卡，将“擦除”选项设置为“下次输入

之后”，在“状态”选项中选择“不判断”，在“分支”选项中选择“重试”。

②右键单击“＊”下属分支的群组图标，在弹出的快捷菜单中选择“计算”命令。

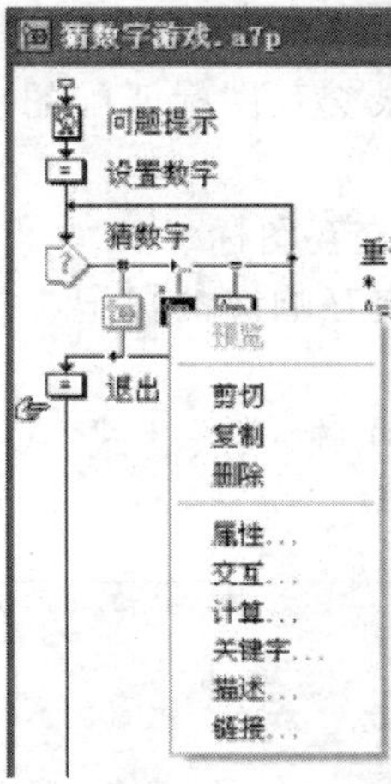

图 5-3-24　“＊”下属分支群组图标右键快捷菜单

在弹出的计算图标对话框中输入以下程序：

```
if NumEntry<A then
    text：="说小了!"
else
    text：="说大了!"
end if
```

该段程序用于比较游戏者键盘输入的数字小于“设置数字”中随机抽取的数字，如果小于则将“说小了!”这个串字符赋值给变量 text，如果大于则将“说大了!”，赋值给变量 text。

③双击“＊”分支中的群组图标，打开第 2 层，如图 5-3-25 所示。

图 5-3-25　“＊”分支中的群组图标

④双击“解说”显示图标，打开演示窗口，选择“文本”菜单，再选择“字体”菜单项，将字体设置为“宋体”，将字体大小设置为“30”。选择文本工具，在演示窗口中输入信息“您输入的数字{text}您还有{3－TimesMatched}次机会!”。变量 text 在条件语句中已经被赋值“说小了!”或“说大了!”。变量 TimesMatched 是系统变量，它用来记录交互图标匹配的次数。设置完毕，关闭演示窗口。

(5)设置“A＝NumEntry”条件交互图标

①双击“A＝NumEntry”条件交互响应的标记，打开条件交互响应的属性栏，如图 5-3-26 所示。

②选择“条件”选项卡，在条件中输入表达式“A＝NumEntry”，自动设置为“当由假为真”。

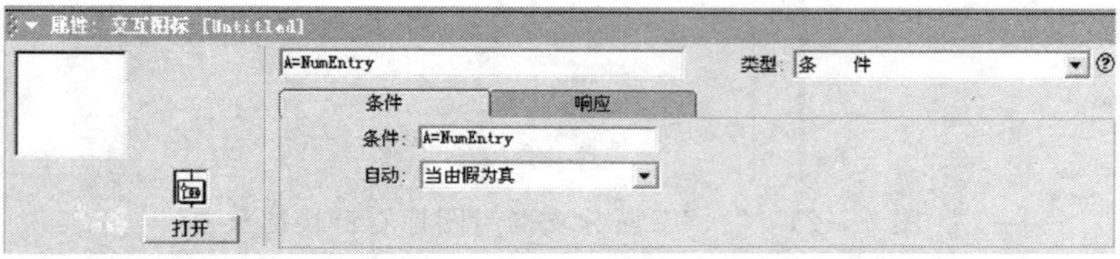

图 5-3-26　条件交互的“条件”选项卡属性设置

选择“响应”选项卡，将“擦除”选项设置为“在下一次输入之后”；在“状态”选项中选择“不判断”；在“分支”选项中选择“退出交互”。

③“A＝NumEntry”分支中的群组图标设置如图 5-3-27 所示。

双击“恭喜”显示图标，打开演示窗口，选择“文本”菜单，再选择“字体”菜单项，将字体设置为“宋体”，将字体大小设置为“30”。选择文本工具，在演示窗口中输入信息“恭喜，你的运气真好!”。调整该文本的位置，关闭窗口。

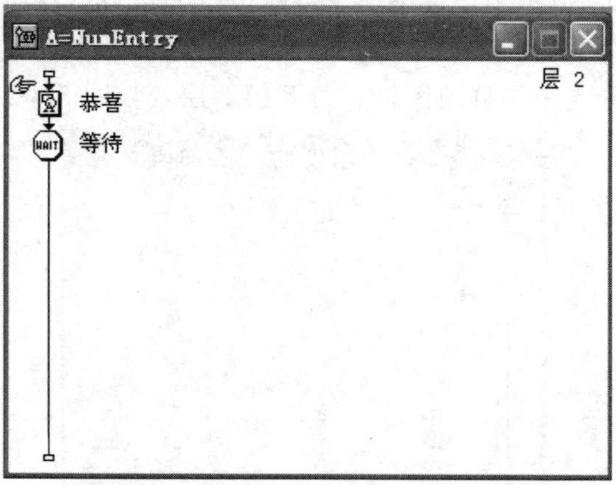

图 5-3-27　“A＝NumEntry”分支的第 2 层

单击“等待”图标，设置等待图标属性，勾选“显示按钮”，“事件”和“时限”项均不设置。

(6)设置“退出”

①双击“退出”计算图标，在弹出的计算图标对话框中填入函数“quit()”。

②单击工具栏中的“运行”按钮，查看程序运行效果。

5. 时间限制交互

时间限制交互用来限制用户输入交互的时间，同尝试限制交互一样，通常不单独使用，多作为其他交互方式的辅助。

(1)创建时间限制交互

创建时间限制交互可以通过以下的步骤进行：

①在交互图标的右面添加一个显示图标；

②双击响应标志，选择时间限制，输入最大尝试时间，单击确定按钮；

③双击显示图标，输入文字；

④单击工具栏中的运行按钮运行程序即可看到时间限制交互效果。

(2)设置时间限制交互属性

时间限制交互属性包括两类。

①时间限制标签：a. 时限：限制时间的长短；b. 中断：中断时的计时方式；继续计时；中断时暂停，返回时继续计时；中断时暂停，返回时重新计时；中断时暂停，返回时重新计时；c. 选项：显示剩余时间标志；每一次尝试都重新计时。(如图 5-3-28 所示)

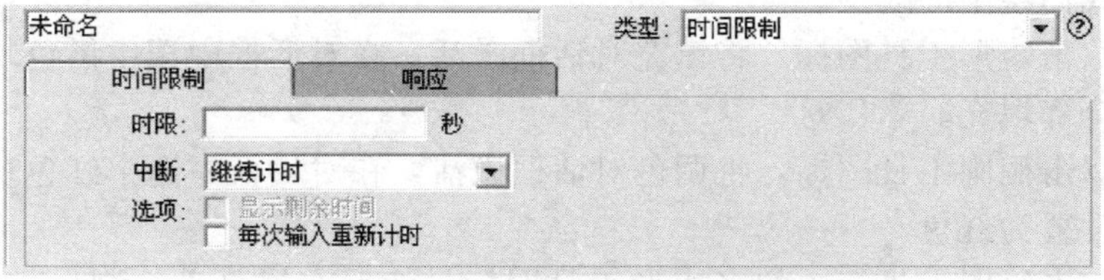

图 5-3-28　时间限制交互时间限制标签

②响应标签：与按钮交互的设置完全相同。下面通过一个例子来说明如何设置这些属性。

示例：还有十秒就要爆炸

(1)“提示”的制作

①双击“提示”显示图标，将显示图标的展示窗口打开。

选择“文本”菜单，再选择“字体”菜单项，将字体设置为“宋体”，将字体大小设置为“24”。

选择绘图工具中的文本工具图标，在屏幕上输入提示信息，“红线还是蓝

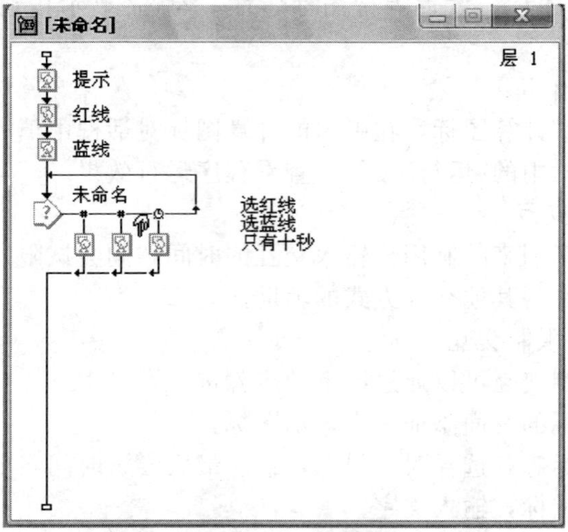

图 5-3-29 “还有十秒就要爆炸”流程图

线？你只有十秒钟！”，然后调整文本在窗口中的位置。

②单击关闭按钮，将展示窗口关闭。

(2)“红线”和“蓝线”的制作

①双击“红线”显示图标，将显示图标的展示窗口打开。

②双击直线工具图标，将线型对话框激活，在线型对话框中选择最粗的线型作为我们绘图的线型。

③双击矩形工具图标，将填充对话框激活，在对话框中选中黑色块，将图形内部全部填充。

④双击椭圆工具图标，将调色对话框激活，在对话框中选中红色块，将图形边框设置为红色。

⑤单击绘图工具箱中的多边形工具图标，然后在屏幕上绘制出一根导线，并调整导线的位置。

⑥单击绘图工具箱中的关闭按钮，将展示窗口关闭。

“蓝线”的制作与“红线”类似。“提示”、“红线”和“蓝线”三个显示图标结合在一起的效果如图 5-3-30 所示。

(3)设置两个敲击对象

①双击“红线”敲击热对象交互标志，将其属性对话框打开。

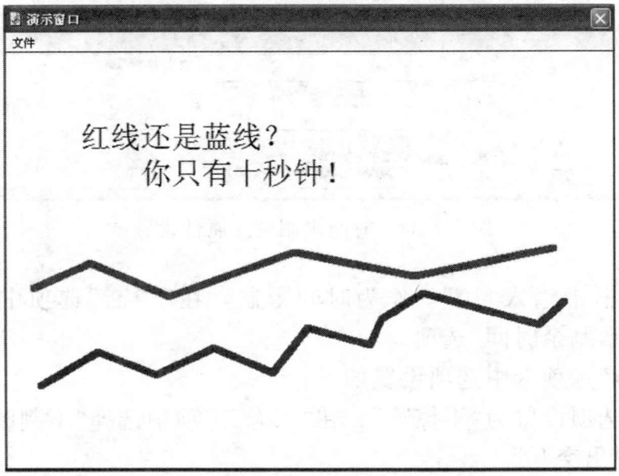

图 5-3-30 “提示”、“红线”和“蓝线”制作效果

②首先设置“热对象”选项卡的选项，如图 5-3-31 所示。

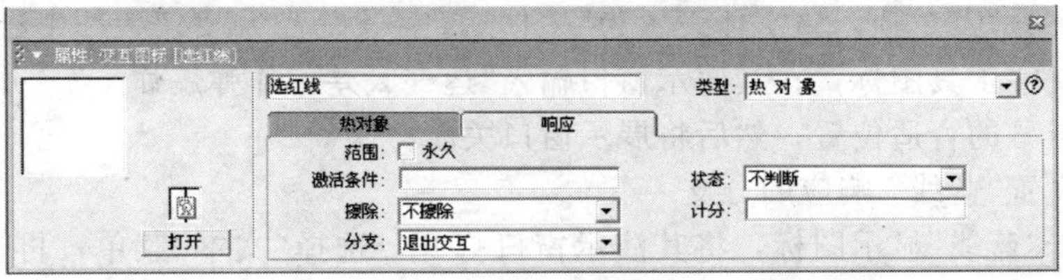

图 5-3-31 “红线”热对象属性设置

在工具栏中单击“运行”按钮，再单击“红线”敲击热对象交互标志，在对话框后面的演示窗口将红线选中；在“匹配”选项中选择“单击”，将单击鼠标作为响应方式；单击“鼠标”选项后面的省略号按钮，选择“手型”标志作为鼠标显示形式。

③单击“响应”按钮，将属性对话框切换到“响应”选项卡，将“响应”选项卡中选项设置如下：

将“擦除”选项设置为“不擦除”；在“状态”选项中选择“不判断”；在“分支”选项中选择“退出交互”。

“蓝线”热对象与“红线”热对象设置类似。

(4)制作“只有十秒”的时间限制交互

①双击“时钟形”响应标志，将其属性对话框打开；

②首先设置“时间限制”选项卡的选项，单击“时间限制”选项卡；

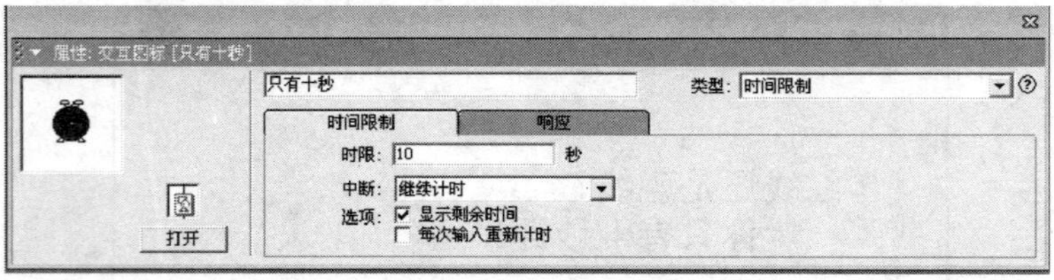

图 5-3-32　时间限制交互属性设置

在“时限”框中输入“10”，作为时间限制，在“中断”选项中选择“继续计时”，选中“显示剩余时间”选项。

③将“响应”选项卡中选项设置如下：

将“擦除”选项设置为“不擦除”，在“状态”选项中选择“不判断”，在“分支”选项中选择“退出交互”。

(5)响应下属的分支设置

①设置“红线” 响应的分支

双击“红线”显示图标，将其演示窗口打开，选择“文本”菜单，再选择“字体”和“字号”菜单项，将字体设置为“宋体”，字号设置为“24”。选中绘图工具箱中的文字工具图标，在其演示窗口输入“运气太差，炸弹爆炸了”，并将文本调整到屏幕的合适位置，然后将展示窗口关闭。

②设置“蓝线” 响应的分支

双击“蓝线”显示图标，将其演示窗口打开，选择“文本”菜单，再选择“字体”和“字号”菜单项，将字体设置为“宋体”，字号设置为“24”。选中绘图工具箱中的文字工具图标，在其演示窗口输入“选对了，你拯救了世界”，并将文本调整到屏幕的合适位置，然后将展示窗口关闭。

③“只有十秒”响应分支的设置

双击“只有十秒”显示图标，将其演示窗口打开，选择“文本”菜单，再选择“字体”和“字号”菜单项，将字体设置为“宋体”，字号设置为“24”。选中绘图工具箱中的文字工具图标，在其演示窗口输入“时间到了，你没有机会了”，并将文本调整到屏幕的合适位置，然后将展示窗口关闭。

④单击“运行”按钮，查看效果。

6. 事件响应

事件交互与前面几种交互不同，它是一种特殊的响应。它主要用在计算机与 Xtra 文件的交互，例如程序同 Active 空间的交互。在一般的 Authorware 程序设计中用的较少。事件交互属性包括两类(如图 5-3-33 所示)：

(1)事件标签：①发送：发送者；②事：事件名称；③esc：对事件的描述；④挂起其他事件。

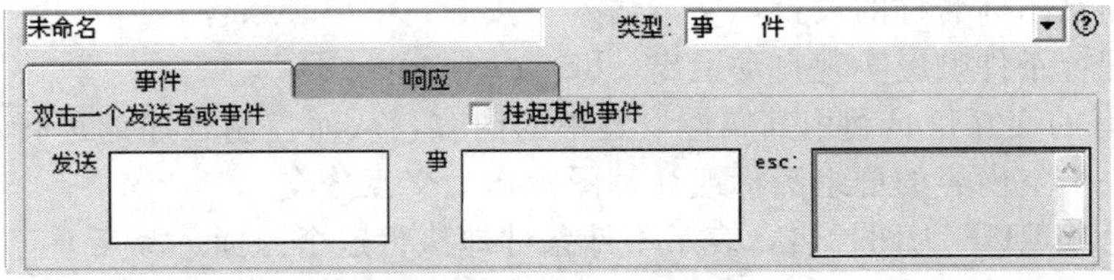

图 5-3-33 事件交互事件标签

(2)响应标签：与按钮交互的设置完全相同。

5.3.2 多媒体教学软件交互控制的设计技巧

1. 菜单使用技巧

(1)显示中文菜单(去掉 FILE)

(2)制作分隔菜单

(3)制作失效菜单

利用 active if 变量与计算图标内变量交替。

2. 文本输入交互技巧

(1)设置文本交互区域：颜色、字号等

(2)使用替代符"□"、"?"、"a□c"、"? bc"、"□8?"

3. 深入理解交互响应分支类型

(1)不同交互响应分支类型的适用范围

➢ 再试一次：用户完成作品的一部分，要求选择另一部分；用户对问题做出错误响应后得到另一个选择机会；

➢ 退出交互：要求用户完成作品的一部分后回到主选单上；对一个问题做出正确响应后转到另一个问题；

➢ 继续：当用户提供特殊的、出人意料的反馈；作品提供较复杂的交互；

➢ 返回：与(Perpetual)对应。返回到主流程线上。如背景音乐的开关选项、退出作品的选项、作品帮助及其他需要在作品内任何地方都可以响应的交互选项。

(2)关于永久性响应

所有分支都设置为 Perpetual，作品在流程线上继续通过交互图标，而不是在交互图标停止。

混合设置：停在交互图标处，等待响应后，非永久路径擦除，永久的保留在屏幕上。

使用交互图标应注意以下几点：

➢ 注意摆放顺序，有些必须是按从左到右的顺序，如时间限制、文本输入、尝试次数响应；跳出交互、退出程序；

➢ 注意图标名称的设置，文本输入、按键、菜单、条件；

➢ 配合条件响应实现自动退出(allcorrectmatched)。

4. 有的交互仅是利用其属性设置中的内容，从而控制程序的运行，这时，可以用一个空内容的群组图标或计算图标作为交互分支。

5. 以 TRUE 为图标名，表示不计条件地执行这个图标。

6. 不规则区域交互覆盖透明不规则图作为热对象。

7. 热对象、可移动对象交互以图标为单位：如果对某单一物体操作，其必须单独占据一个图标。

5.4 Authorware 中声像媒体控制的设计方法

5.4.1 声音图标

在 Authorware 7.0 中，可以使用声音图标加载并播放声音文件，我们可以在 Authorware 流程线的任何地方放置声音图标，给屏幕上展示的信息添加解说词或背景音乐，大大增加了多媒体作品的表现力。声音图标可以导入的声音文件类型有 MP3、WAV、VOX、SWA、AIFF、PCM。其中 MP3 与 WAV 文件是比较常用的两种格式。

1. 声音图标的属性设置

从图标选择板上拖拽声音图标到流程线上合适的位置，右击该图标选“属性”选项或按下 Ctrl 键的同时双击该图标，打开声音图标属性面板，即可进行声音对象的加载与属性设置，如图 5-4-1 所示。单击“导入”按钮，弹出“导入哪个文件?”对话框，如图 5-4-2 所示。找到所需的声音文件，单击“确定”按钮即可。单击“播放”按钮可以播放已经导入的声音文件。

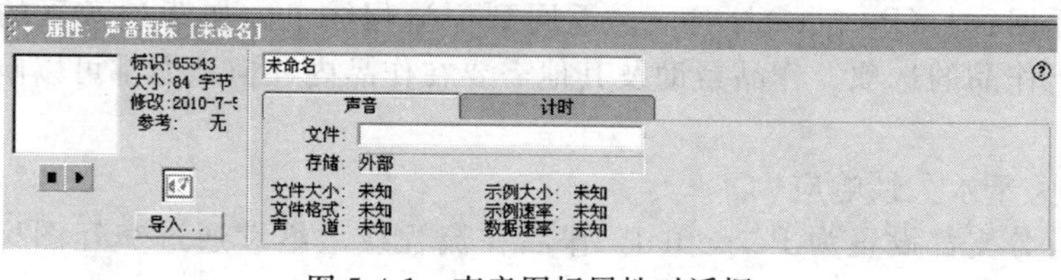

图 5-4-1　声音图标属性对话框

(1)在“声音”标签中，各设置介绍如下：

① 在“文件”文本框中指定声音文件的路径和文件名，也可以单击对话框中 Import 按钮，为声音图标中引入声音文件。单击“导入”按钮后，弹出“引入声音文件”对话框。由于声音文件通常都比较大，因此我们在引入声音文件时

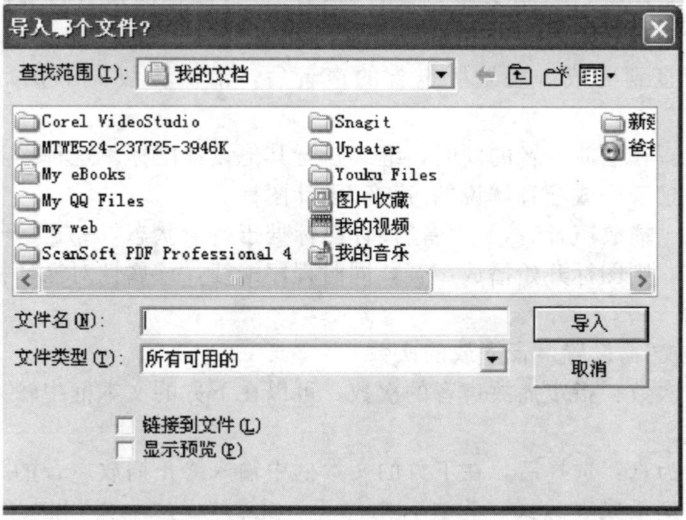

图 5-4-2 导入文件对话框

通常用链接到文件的方法来调用声音文件。当我们在引入文件时选择了“链接到文件”复选框，这样声音文件就成为外部的一个链接文件而不是装载到Authorware文件内部，当程序运行到该声音图标时会自动根据链接路径来播放该声音文件。这种方法可以大大缩小Authorware应用文件。

②“存储”选项说明声音文件是Authorware程序的内部文件还是外部文件。当我们在引入文件时选择了“链接到文件”项，则声音文件将是外部文件；否则为内部文件。

③ 在“声音”选项卡中还显示了引入声音的信息，这些信息有声音文件的大小、声音文件的格式、声音的通道、声音量化位数、声音的采样速率等信息。

④ 在声音图标属性设置对话框中还有两个按钮，对应分别是播放声音按钮和停止播放按钮，这两个按钮的作用是用来在声音图标设置对话框中试听声音文件。

(2)在“计时”标签中，各设置介绍如图 5-4-3 所示。

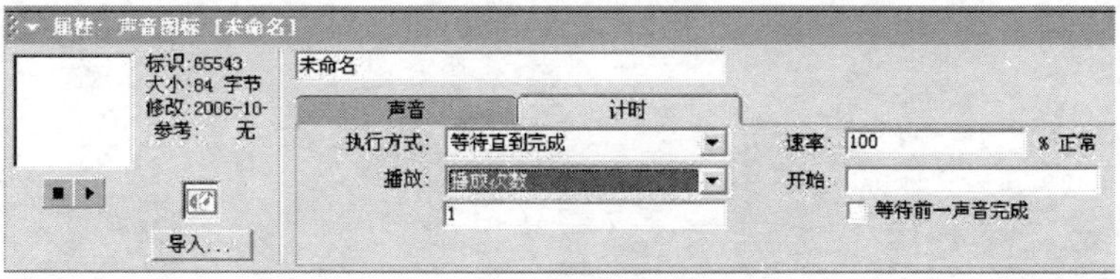

图 5-4-3 计时属性对话框

①“执行方式”下拉列表框：设置“声音”设计图标的执行过程同其他设计图标的执行过程之间的同步方式。

➢ 等待直到完成：播放所包含的声音后，沿流程线向下执行其他设计图标。

➢ 同时：在播放声音的同时，继续执行其他设计图标。这种同步方式通常用于包含背景音乐或配音解说的“声音”设计图标。

➢ 永久：播放声音后，“声音”设计图标处于待命状态，一旦“开始”属性的值变为“真”，则图标开始播放声音，同时程序继续，该属性对循环播放背景音乐非常有用。

②“播放”：设置声音播放的次数。

➢ 播放次数：指定播放声音的次数，可以在下方的文本框中输入数值、变量或表达式。

➢ 直到为真：选择后，在下方的文本框中输入终止播放声音的条件，可以使用逻辑型变量或表达式。为真，则停止。此属性与“永久”和“开始”结合使用，可以随时控制播放与停止。

③“速率”文本框：使用数值或变量控制声音播放的速度。正常为100%，可以通过增大或减小该数值加快或减慢播放速度。

④“开始”文本框：输入逻辑型变量或表达式为TRUE时，开始播放声音。

⑤“等待前一个声音”复选框：如果第一个“声音”设计图标中的声音尚未播放完毕，又执行到了第二个“声音”设计图标，通常提前终止前一个声音而播放第二个。选择第二个“声音”设计图标的这个复选框后，可等待前一个声音播放后开始播放。

2. 声音图标的应用示例：Authorware课件中使用背景音乐

我们在利用Authorware制作课件时，有时希望有背景音乐，这样能营造一定的教学氛围，增强教学效果。但同时又有要求，那就是需要背景音乐时点击就能播放，不需要时能及时暂停。其实运用Authorware可以轻松实现这个功能。

下面就讲解一下用“按钮”方式来实现背景音乐播放的设计过程。

①首先打开Authorware，新建一个文件，以“背景音乐示例”存盘。如图5-4-4所示。

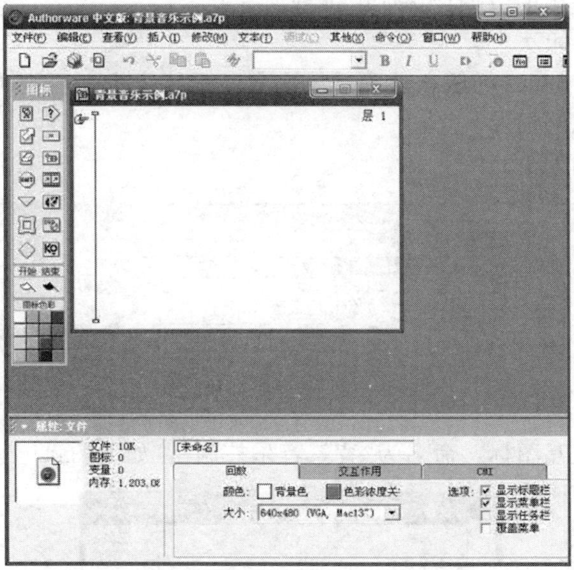

图 5-4-4 设计界面图

②拖入一声音图标，并命名为“背景音乐”。并导入一首音乐文件，如图5-4-5所示。

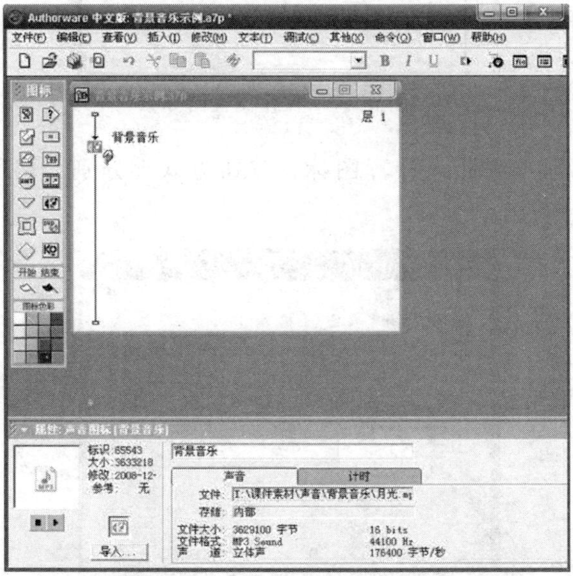

图 5-4-5 设计流程图 1

③在背景音乐的"计时"选项中进行如下设置：

执行方式：永久

播放次数：1000(可任意设置播放次数，不能太少，否则可能出现音乐完而课件展示未完的情况)

设置效果图如下：

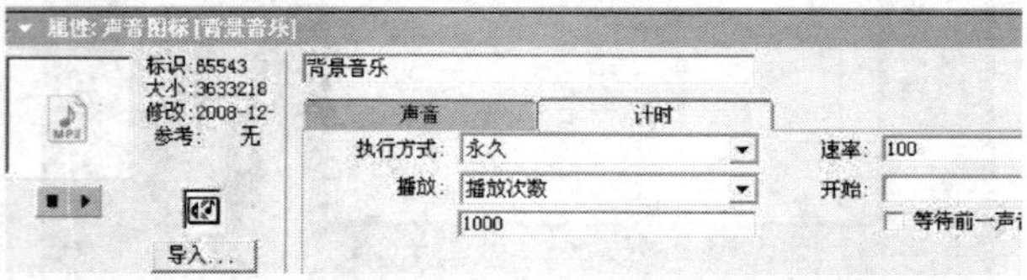

图 5-4-6　声音属性设置图

④拖入一交互图标，命名为"背景音乐控制"，如下图：

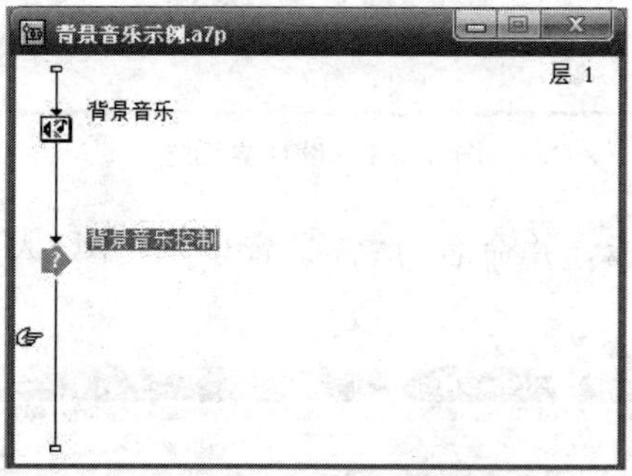

图 5-4-7　操作流程图 2

⑤在交互图标右侧插入计算图标、按钮方式，分别命名为"播放"与"停止"，如下图：

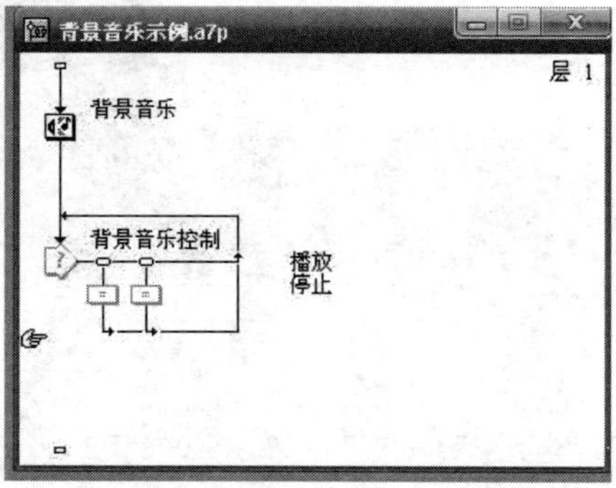

图 5-4-8　操作流程图 3

⑥点击交互图标，将层次设为7(设层次的目的是为了按钮不被后面添加的图片遮住)，如下图：

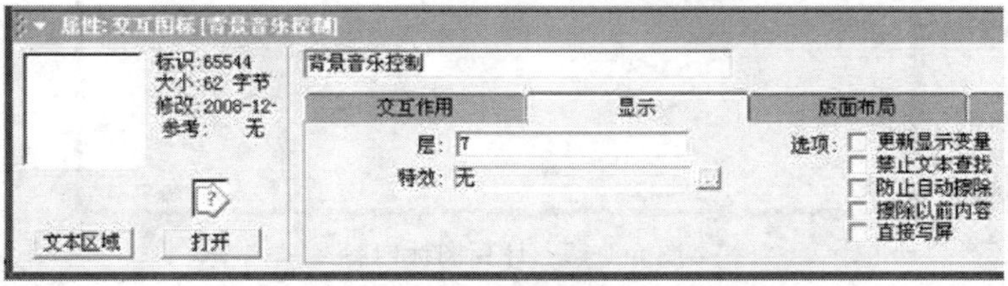

图 5-4-9　交互图标属性设置对话框

⑦分别将两个计算图标播放与停止的"响应范围"设置为"永久"。如下图：

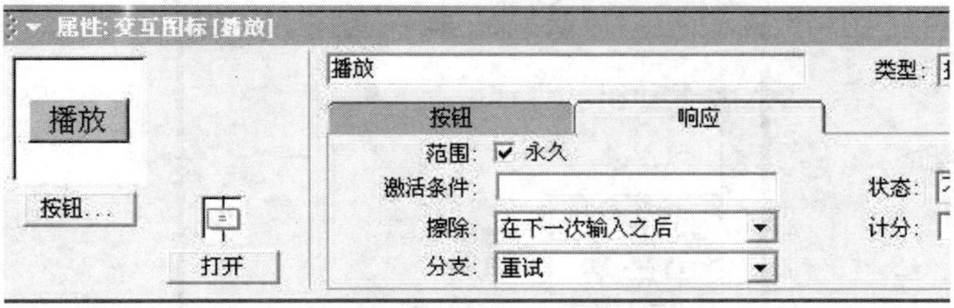

图 5-4-10　按钮属性设置

⑧双击"播放"计算图标，在弹出的对话框中输入 MediaPlay(iconID@"背景音乐")，如下图：

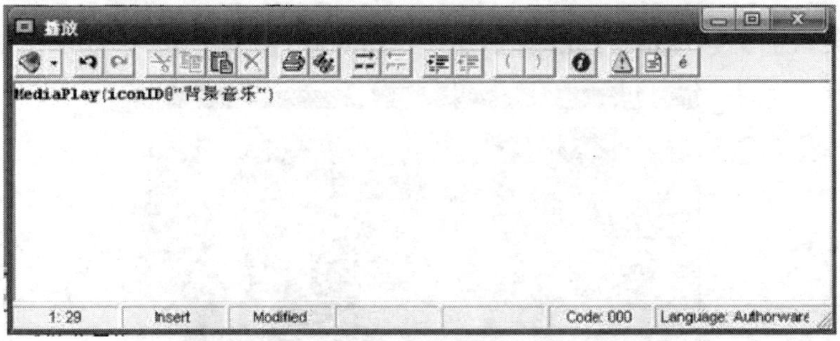

图 5-4-11　计算图标内容 1

同理，再双击"停止"计算图标，在弹出的对话框中输入 MediaPause (iconID@"背景音乐", true)，如下图所示：

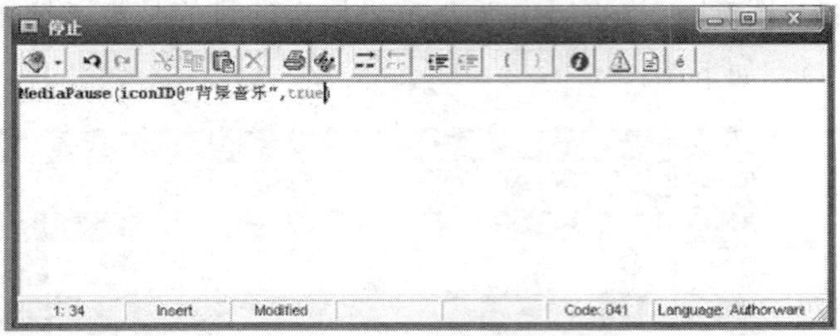

图 5-4-12　计算图标内容 2

⑨先在下方拖入一“显示”图标，命名为“背景图”并插入一幅图，用来测试用。背景图下方再拖入等待图标，就基本完成。

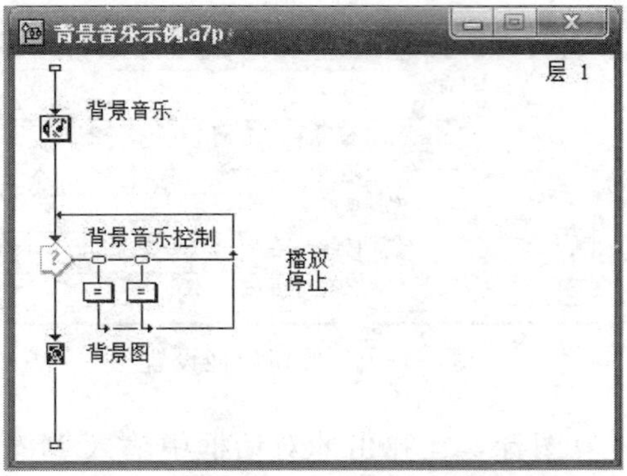

图 5-4-13　“背景音乐示例.a7p”流程图

⑩运行一下，点击“停止”音乐停，点击“播放”则音乐起。效果图如下：

图 5-4-14　“背景音乐示例.a7p”效果图

5.4.2 数字电影图标

数字电影图标可以播放多种动态影像格式，其中包括 AVI、MPEG、DIR、FLC、FLI、ASF 和 WMV 等。此外 Flash、GIF 和 MOV 动画文件可以直接添加在显示图标中进行播放。

在 Authorware7.0 中导入数字电影的方法与导入声音的操作方法类似。数字电影图标属性面板的设置与声音图标、显示图标的属性设置类似。

1. 数字电影图标的属性设置

从 Authorware 图标工具栏上拖动一个数字电影图标到设计窗口的流程线上。双击该数字电影图标，弹出数字电影图标属性设置对话框，Authorware 同时在属性设置对话框后面打开演示窗口。

在对话框中单击“导入”按钮，弹出引入文件对话框，从中选择想要播放的数字电影。

在对话框的左上方还有一组播放控制按钮，单击播放控制按钮可以在演示窗口中观看数字电影播放效果。通过单台前进或回退按钮来让数字电影一帧一帧显示。

(1)“电影”标签各部分介绍

单击数字电影图标属性设置对话框中“电影”标签，出现 Movie 选项卡，如图 5-4-15 所示。

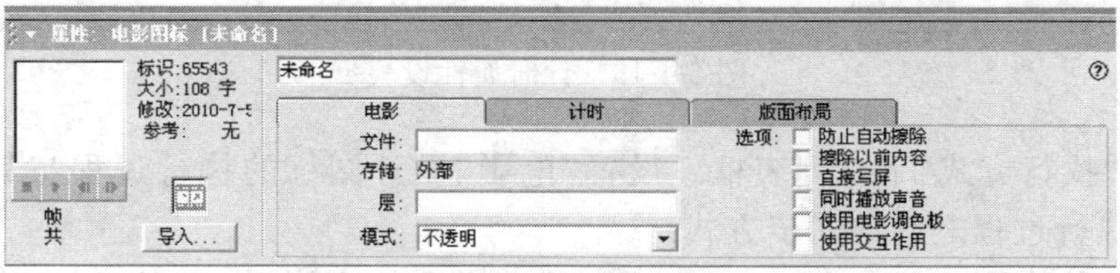

图 5-4-15 电影图标属性对话框

➢ 在“文件”文本框中输入要播放文件的路径以及文件名，通过“导入”按钮引入会在该文本框中自动填入引入文件的路径以及文件名。

➢ 在“存储”文本框中说明数字电影文件是 Authorware 程序的内部文件还是 Authorware 程序的外部文件。

➢ 在 Layer 文本框中指定数字电影播放时的位置，与显示图标的层含义相同，层数高的数字电影在播放时将显示在层数低的数字电影之上。对于外部的数字电影总是显示在其他对象的上方。

➢ 在“模式”下拉列表框中指定显示模式，显示模式只对内部数字电影有效。同样，显示模式有不透明方式、透明方式、遮隐方式以及反转方式四种。

➢ 选择“防止自动擦除”复选框，则数字电影图标所显示的内容用擦除图标才能被清除。

➢ 选择“擦除以前内容”复选框，Authorware 将在播放该数字电影时擦除演示窗口中以前显示的所有内容。

➢ 选择“直接写屏”复选框，则数字电影将显示在所有其他内容之上，该项相当于将数字电影的层数设为最高。该项只有在不透明显示模式(Opaque)下才有效。

➢ 选择“同时播放声音”复选框，则允许播放数字电影文件中的声音，当引入的数字电影不支持声音时，则该项无效。

➢ 选择“使用电影调色板”复选框，则通过使用动画文件的调色板播放动画文件。

➢ 选择“使用交互方式”复选框，它将允许使用鼠标以及键盘等设备与播放中的电影进行交互，该选项只对 Director 格式的电影文件有效。

(2)“计时”标签各设置介绍

单击数字电影属性设置对话框中的“计时”标签，出现“计时”选项卡，如图 5-4-16所示。在该选项卡中可以进行如下设定。

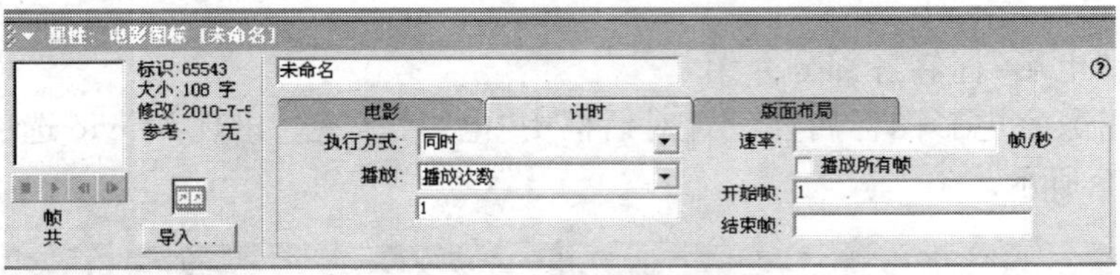

图 5-4-16 计时属性设置

① “执行方式”下拉列表框：设置“电影”设计图标的执行过程与其他设计图标的执行过程之间的同步方式。

➢ 等待直到完成：Authorware 直到电影播放完毕后，才执行电影图标下的流程。

➢ 同时：Authorware 在播放电影文件的同时，继续执行电影图标下的流程。

➢ 永久：Authorware 将始终保持电影图标处于激活状态，无论电影文件是否播放完毕。Authorware 将一直检测电影图标的属性设置，如果其中使用了变量，而且变量发生了变化，则 Authorware 将随时跟着做出调整。

② “播放”下拉列表框：选择电影文件的播放模式，下拉列表中有以下选项：

➢ 重复：重复播放电影文件，直到使用擦除图标擦除电影图标或是使用函数来控制电影终止播放。

➢ 播放次数：默认的播放模式，在下面的对话框中输入电影文件播放的次数。如果输入数字为 0，则 Authorware 只显示电影文件的第一帧，文本框中也可以使用变量。

➢ 直到为真：在文本框中输入一个变量或表达式，直到此变量或表达式的值为真时，才停止电影文件的播放，否则，将重复播放电影文件。

➢ 被移动时，Authorware 将只显示电影文件的第一帧。当电影文件被移动图标移动，或是被用户用鼠标移动时，电影文件夹才开始播放。移动停止，则播放随之停止。此选项对只能作为外部连接的电影文件格式无效。

➢ 每次重复次数。设置每一次播放过程中重复的次数，Authorware 将调整电影文件的播放速度来完成每一次播放过程中指定的重复播放次数。此选项对只能作为外部连接的电影文件格式无效。

③"速率"文本框：在文本框中输入电影文件的播放速率，单位为帧/秒。在文本框中也可以使用变量或表达式来设定电影文件的播放速率。如用户将速率设置得太快，那么，Authorware 在播放电影文件时将会适当跳过某些帧来达到用户的要求，除非用户选择了"播放所有帧"复选框，Authorware 才会播放完每一帧，但"播放所有帧"复选框对只能作为外部连接的电影文件格式无效。

④"开始帧"：设置电影文件播放的开始帧，默认为第一帧。如不想电影文件从头播放，则可以输入相应的帧数。在文本框中也可以使用变量或表达式。

⑤"结束帧"：设置电影文件播放的结束帧，如不想电影文件一直播放到结尾，则可以输入相应的结束帧数。在文本框中也可以使用变量或表达式。

(3)单击"片面布局"选项卡，与前面介绍的图标类型设置一样。

2. 声音图标的应用示例：给电影同步配音和配字幕

(1)设计思路

播放影片时，同时播放背景音乐，并给影片配字幕。在人开始讲话时，配音与字幕同时出现，讲下一句话时，前面的字幕消失，同时出现新字幕。以此类推。

"背景音乐"属性的执行方式设为"同时"，数字电影的"媒体同步属性"中的"同步于"属性设置为"位置"，然后将同步帧设置为已经定位好的帧上，在下挂图标中加入配音和字幕，即可实现同步字幕和配音。

(2)具体制作步骤

①新建一个文件并命名为"同步配音与字幕 .a7p "，先向流程线上拖放一个声音图标并命名为"背景音乐"，打开其属性对话框，导入事先准备好的背景音乐，并把执行方式设为"同时"。

向流程线上拖放一个数字电影图标并命名为"电影"，向其中导入 Authorware 安装目录下的 Showme 文件夹中的 Edison. avi 数字电影，使用播放按钮，找到讲第一句话的帧的位置(大约在 70 帧)和第二句话的帧的位置(大约在 108 帧)。

②向“电影”图标右侧拖放一个群组图标并命名为“配音字幕 1 ”，这样就创建了一个媒体同步分支。打开“媒体同步属性”对话框，把“同步于”属性设置为“位置”，然后将同步帧设为第 70 帧，将“擦除内容”设置为“下一个事件后”，即在下一段配音和字幕播放时，擦除本段的配音和字幕。

③向“配音字幕 1”图标中增加配音和字幕内容。在“字幕 1”显示图标中创建内容为“同学们好”的文本对象，将录制好的配音内容的声音文件导入到“配音 1 ”声音图标中。

④同样的方法，创建第二个媒体同步分支“配音字幕 2 ”。在“媒体同步属性”对话框中将同步帧设为第 108 帧，在“字幕 2”显示图标中创建内容为“我先做个自我介绍”的文本对象，向“配音 2”声音图标中导入录有同样内容的配音文件。

⑤运行程序即可看到画面中的人物讲第一句话时，配音自动播放，字幕同时自动出现。在讲第二句话时，前面的字幕自动消失，出现新的字幕，且自动播放对应的配音。如图 5-4-17 所示。

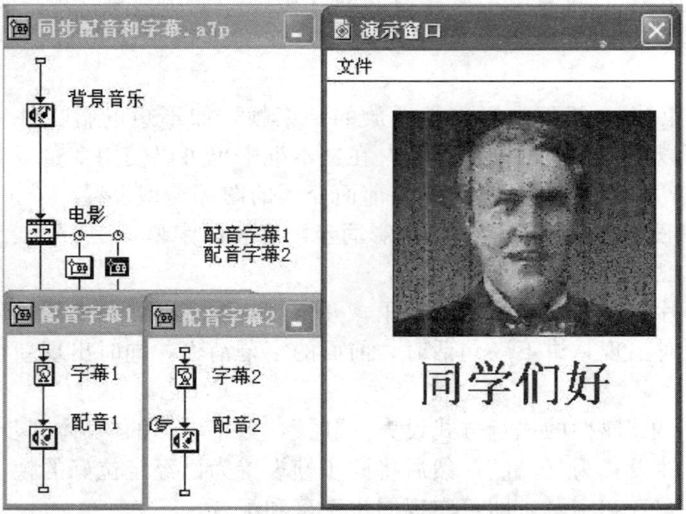

图 5-4-17 “同步配音与字幕.a7p ”流程图

5.5　Authorware 中 5 种移动类型的用法和属性设置

1. 移动图标简介

利用移动图标，可以移动显示图标、数字电影图标以及交互图标中的对象，该对象可以是文字、图片、动画或数字化电影，使其从屏幕的一个地方运动到另一个地方。通过对运动属性的设置，可以控制物体运动的轨迹、速度以及运动起止点的位置。

用 Authorware 设计动画，实际上只是通过对象的位移而产生运动效果。比如，Authorware 可以轻易地让汽车(图片)移动，但要同时让车轮转动就很困难。

从图标工具栏中拖动一个显示图标到设计窗口的流程线上。在 Authorware 中制作动画效果，需要一个显示图标(或数字电影图标、交互图标)来提供一个运动对象，因为移动图标本身并不包含要运动的对象。

然后拖动一个移动图标到流程线上，双击该动画图标，显示如图的动画图标属性设置对话框。它是对所有运动类型都相同的设置选项，通过它对要设计的动画效果作如下设置。

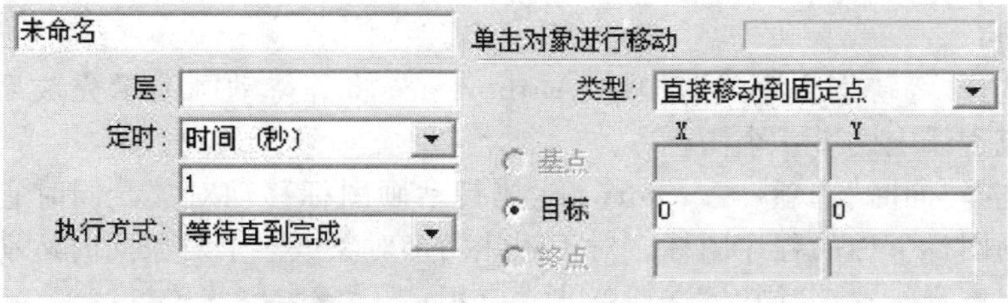

图 5-5-1　移动图标属性设置对话框

(1)选择动画类型

在 Type 下拉列表中选择运动对象的运动类型，在 Authorware 中共有五种类型：

➢ 指向固定点：这种运动方式是将显示对象从演示窗口的当前位置运动到指定的终点位置。

➢ 指向固定直线上某点：这种运动方式是将显示对象从演示窗口的当前位置运动到定义了起点和终点的直线上某一位置。

➢ 指向固定区域内的某点：这种运动方式是将显示对象从演示窗口的当前位置运动到指定的一个范围区域内某一点。

➢ 指向固定路径的终点：这种运动方式是将显示对象从演示窗口当前位置

沿定义的路径运动到终点。

➢ 指向固定路径上的任意点：这种运动方式是将显示对象从演示窗口当前位置运动到指定路径上某一位置。

(2)设置动画的层数

在“层”文本框中设定运动的层数。层数越高，运动的图形就越在上方，它会遮住层数低的运动对象或静止对象。

(3)指定动画的进行时间

“定时”选项用来设定对象的运动时间，Authorware 提供两种时间控制方法：

➢ 选择“时间(秒)”选项，通过指定运动对象完成运动所需的时间来控制对象运动的速度。显然，时间越短，运动越快。

➢ 选择“速率(sec/in)”选项，通过指定运动速率来控制对象的运动，该运动速率的单位是使用“秒每英寸”来表示，是指对象移动 1 英寸所使用的时间，可见，数字越大，运动越慢。最后在下拉列表框下的文本框中输入设计的时间或速率的数值。

(4)指定同步方式

“执行方式”下拉列表框中的选项是用来设定对象运动的同步方式，即 Authorware 执行动画图标后是否继续执行动画图标后面的程序。在该项中有三个可选项：

➢ 选择“等待直到完成”选项，Authorware 将等待动画演示完成后，再继续运行流程线上的下一个图标；

➢ 选择“同时”选项，Authorware 执行动画图标移动对象，同时它将继续执行动画图标下面的程序图标。对于想让两个对象或多个对象同时运动或在移动时配上声音，这个“同时”选项就非常有用；

➢ 选择“永久”选项，即使 Authorware 已运行在其他图标中，也能激活对象的移动，只要条件为真，移动就会被激活。

单击动画图标属性设置对话框中的“预览”按钮，预览运动效果。

2. 移动图标的应用示例

示例 1：文字渐升或渐降效果

设计步骤如下：

(1)建立一个文件，拖入如右图所示的图标，并命名。

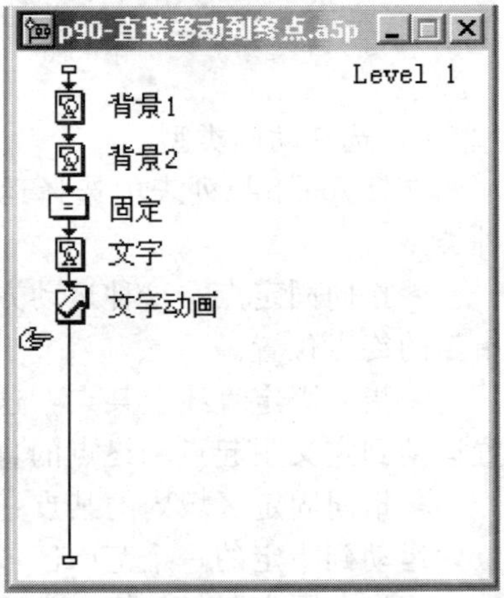

图 5-5-2　示例 1 流程图

(2)图标内容

背景 1 中插入一幅图片(如图 5-5-3)；背

景 2 中插入经把图 5-5-3 处理后的图片(如图 5-5-4)。

注：图片 5-5-4 处理方法：用画图软件打开图 5-5-3，再在中间合适的位置剪切一个长方形空间，另存为一个图片文件即可。

调节图 5-5-3 和图 5-5-4 的位置，使两幅的图像能吻合重叠，这一点很重要，否则效果很差。

图 5-5-3 背景图 1

图 5-5-4 背景图 2

把背景图 2 的"层"定为 8(按 CTRL+I 后在"Layer"中填上"8")。

(3) “固定”计算图标中输入

Movable@"背景 1"：=FALSE

Movable@"背景 2"：=FALSE

(4)“文字”显示图标

输入一些说明文字后拖动至背景图 2 空白处的下方，且被图 2 遮住。把文字的“层”定为 5。

(5)运动图标“文字动画”

选择“文字”图标为运动对象，在运动图标属性中“Motion”选择“Direct to Point”、“Timing”中选“Time(sec)”，输入其值为“15”、“Concurrency”中选“Wait until Done”拖动“文字”图标至合适的位置。

(6)按“Ctrl＋R”运行。(别忘记保存!)

示例 2：匀速圆周运动

设计步骤如下：

(1) 设计思想

先制作一个圆形轨道作为背景，定位小球的运行路径，再利用运动图标的“指向路径的终点”运动方式设置运动路径，并调整小球的运动路径与轨道重合即可。

(2) 具体制作步骤

① 新建一个文件并命名为“匀速圆周运动 . a7p ”，向流程线上拖放 2 个显示图标并命名为“轨道”和“小球”，拖放一个运动图标命名为“小球运动”。如图 5-5-5 所示。

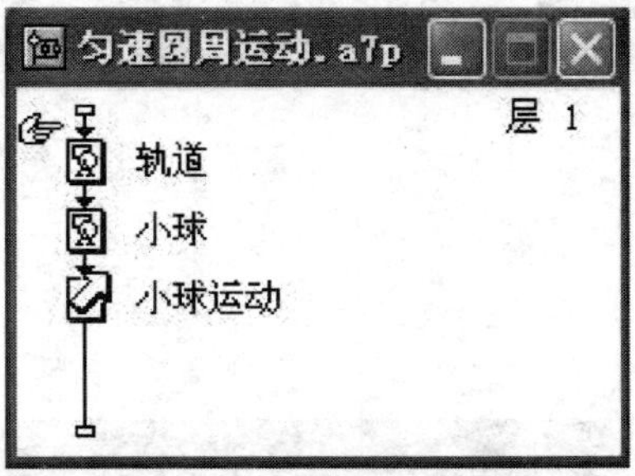

图 5-5-5 匀速圆周运动流程图

② 双击“轨道”显示图标，在其演示窗口中绘制圆形轨道，并创建“匀速圆周运动”文本对象。

③ 按住 Shift 键不放，同时双击“小球”显示图标，在演示窗口中绘制一个红色的小球，并把它拖放到圆形轨道上。

④ 设置“小球运动”图标的属性。运动类型选择“沿路径移动到终点”，定

时选项选择“时间”，在下面的文本框中键入“ 5 ”。

⑤ 设置小球运动圆形的运动路径。单击小球运动的初始位置，出现一个三角形路径控点，然后拖动小球到直径的另一端，松开鼠标，会出现另一个三角形的路径控点，同样再拖动小球回到起点附近的另一点，双击路径中点的控点，路径变成圆弧形的路径，调整路径起点和终点重合于圆形轨道上的一点，调整圆形的中点控点的位置，使路径与圆形轨道重合。如图 5-5-6 所示。

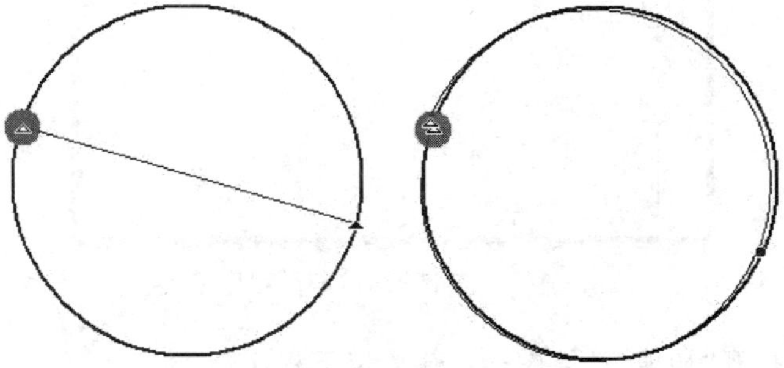

(a) (b)

图 5-5-6 匀速圆周运动路径设置

⑥ 运行程序，小球将沿圆形轨道运行一周。若要使小球循环运动，可将属性中的执行方式设置为“永久”，在“移动”文本框中输入“ True ”即可。

5.5.1 课件中实现变速运动的方法

变速运动制作起来比较困难，因为 Authorware7.0 自身没有提供用于变速运动的图标或函数。然而变速运动在教学课件中是必不可少的，在物理学科中变速运动大量存在。要在 Authorware 中实现变速运动，首先要把运动分成一小段一小段的运动并作用移动图标来移动对象，因为每一段都比较短，所以在每一段中可以用匀速运动来代替，但是相邻两段的速度是不同的，具体实现时有三种方法：

① 在相同的时间间隔内，对象运动不同的距离。此法能任意控制对象在平面上的运动，其缺点是，当运动距离过大时，看起来有跳跃感。

② 对象运动相同的距离，但所用的时间间隔不同。此法的效果通常比上一个方法好，运动比较平滑，但是只方便在一维的运动和沿路径的运动中使用。

③ 相邻两段运动之间，运动距离和所用的时间均不同，一般说来此法的效果最好，但编程时要复杂一些。

示例：简谐振动

本例展示的简谐振动是一种变速运动。程序运行时看到随着小球的简谐振动。本例实现变速运动的方法是上述第一种方法，即在相同的时间间隔内使移动对象位移不同的方法。

设计步骤如下：

(1)建立如图 5-5-7 所示的流程图。

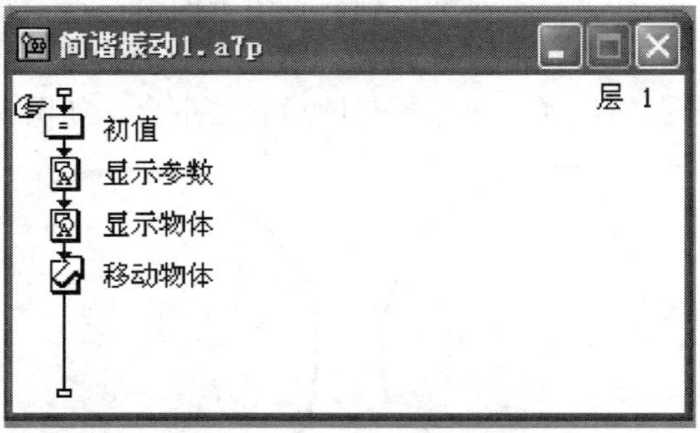

图 5-5-7 “简谐振动.a7p”程序流程

(2)双击打开“初值”计算图标，输入以下程序：

```
--初值
Movable@"显示参数":=FALSE   --使背景不能移动
Movable@"显示物体":=FALSE      --使物体不能移动
x0:=320                      --y坐标原点
zf:=180                      --振幅
js:=1                        --角速度
Line(1,x0-zf,250,x0+zf,250)
Line(1,x0,240,x0,260)
```

(3)双击打开“显示参数”显示图标的演示窗口，按照图 5-5-8 绘制演示窗口。

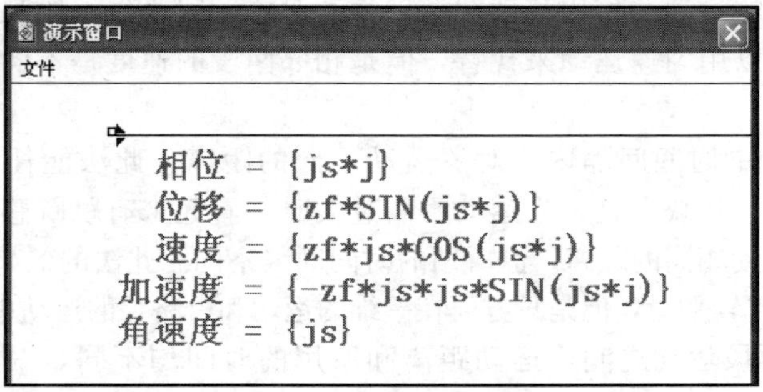

图 5-5-8 “显示参数”显示图标的演示窗口

打开该图标的属性窗口，设置层为 1，选中“更新显示变量”，如图 5-5-9 所示。

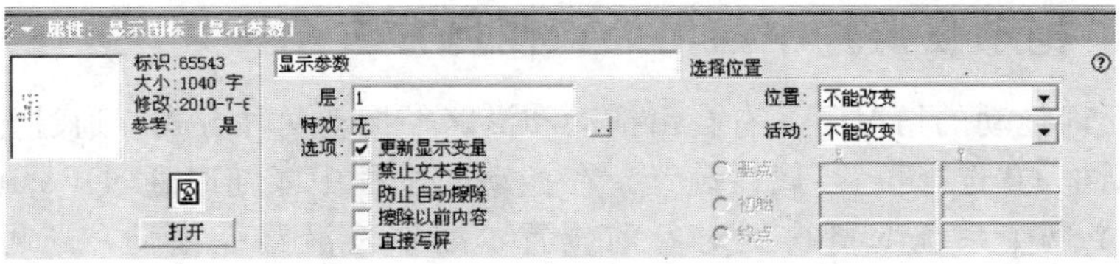

图 5-5-9　“显示参数”图标属性设置

(4)双击打开“显示物体”显示图标的演示窗口，导入一个小球，如“蓝色立体球 . gif”。

(5)双击打开“移动物体”移动图标，选择“指向固定直线上的某点”移动类型，单击指定小球为运动对象，并按照图 5-5-10 设置其他属性。设置“基点”和“终点”属性时，不仅要在相应的文本框中输入图中的值，还应先选中“基点”单选钮然后把小球拖动到计算图标所绘水平直线的左端，同样选中“终点”单选钮后把小球拖动到计算图标所绘水平直线的右端。图中“目标”属性的设置值是：x0－zf＊SIN(js＊(j：＝j＋Pi/180))

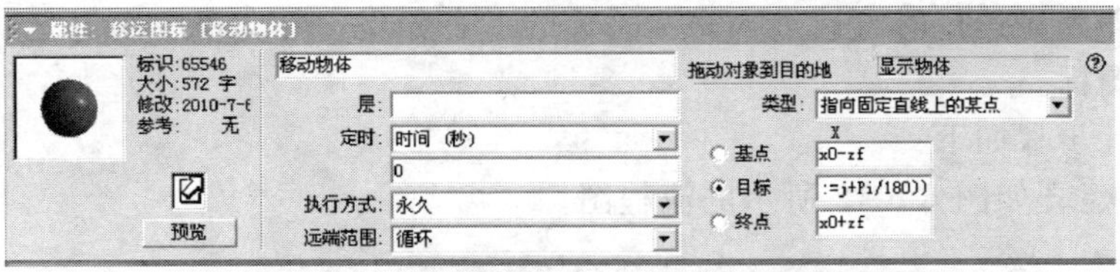

图 5-5-10　移动图标的属性设置

(6)以“简谐振动 . a7p”为文件名将程序存盘，然后运行程序。看到小球沿水平直线作简谐振动，并在演示窗口上方显示各参数，图 5-5-11 是运行过程中的一个画面。

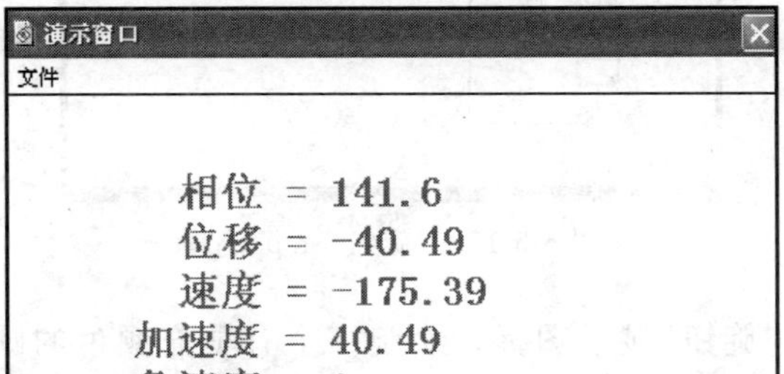

图 5-5-11　“简谐振动 . a7p”效果

5.5.2 拖动在课件中的用处和使用方法

在允许拖动的情况下，有自由拖动和沿路径拖动两种方式，通过显示图标属性对话框的“选择位置”属性设置。在拖动的过程中能随时通过 PositionX 和 PositionY 两个系统变量得到对象的位置，如果是沿路径拖动，还可以通过 PathPosition@“图标名”系统变量得到对象在路径上的相对位置。但是不要企图为 PositionX、PositionY 和 PathPosition 系统变量赋值来改变对象的位置，因为这三个系统变量都是只读变量。

可见，拖动的作用不仅仅是改变对象的位置，因为拖动的同时能够得到对象的位置坐标，所以拖动实际上是一种交互，而且是一种十分重要的交互，用它可以获得数据，并进一步进行有关的操作。

示例：旋钮

本例给出用于调节数据的工具之一——旋钮的制作方法。运行程序时出现一个旋钮，调节旋钮时能随时取得旋钮位置代表的数据。本例的要点之一是设置曲线的拖动路径；要点之二是用 GoTo()系统函数直接跳到交互图标的下挂图标。即程序运行时直接进入交互图标的一个分支，分支程序执行完以后再进入交互图标。

设计步骤如下：

(1)建立如图 5-5-12 所示的流程图。

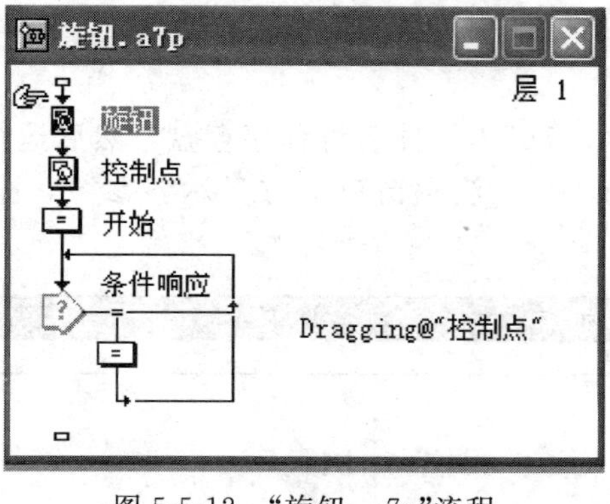

图 5-5-12 “旋钮.a7p”流程

(2)双击打开“旋钮”显示图标，绘制一个有填充颜色的圆作为旋钮，并用文本输入工具输入以下文本(输入位置参见图 5-5-17)：

{INT(PathPosition@“控制点”)}

在该图标的属性对话框中，选中“更新显示变量”属性。在该显示图标的附加计算图标代码窗口中输入以下程序：

Movable：＝0

(3)双击“控制点”显示图标打开演示窗口，绘制一个红色的圆作为旋钮的控制点，调节按钮时鼠标拖动的就是这个点。在该图标的属性对话框中设置“位置”属性和“活动”属性均为“在路径上”；拖动控制点创建一条沿着旋钮边缘的曲线路径。如图 5-5-13 所示。

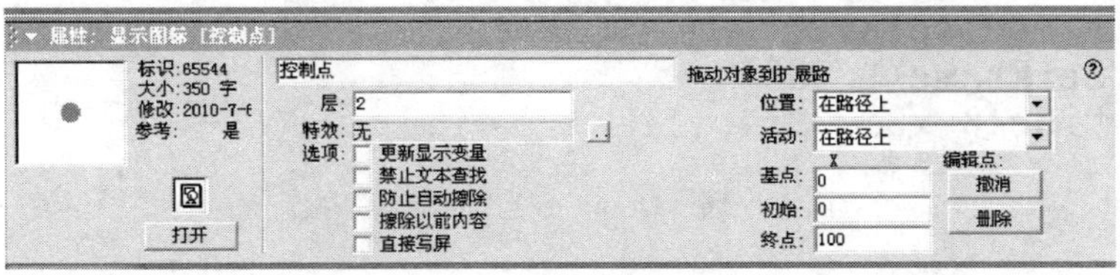

图 5-5-13　“控制点”图标属性设置图

(4)在“开始”计算图标的代码窗口中输入以下程序：

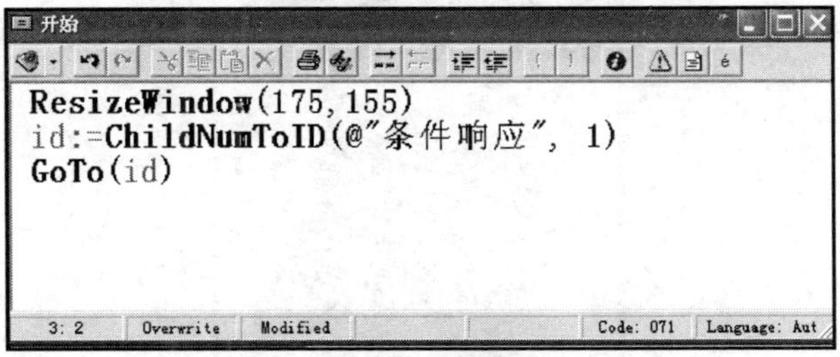

图 5-5-14　“开始”图标设置图

(5)在 Dragging@"控制点"条件响应图标的属性对话框中设置交互类型为“条件响应”；设置“交互条件”为 Dragging@"控制点"；设置“自动匹配方式”为“为真”；设置“分支类型”为“重试”。如下图。

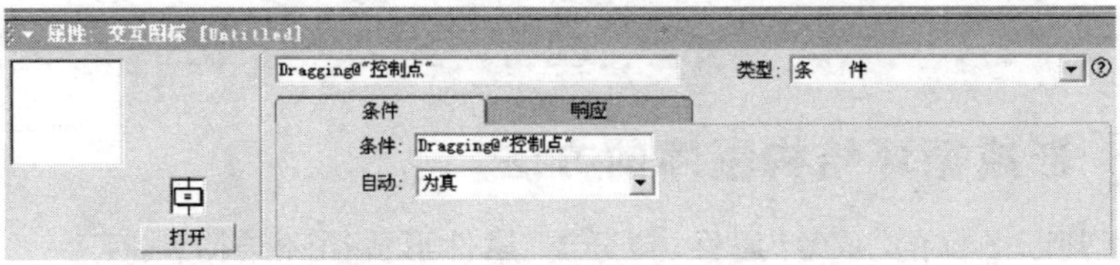

图 5-5-15　条件响应属性设置

(6)在 Dragging@"控制点"计算图标的代码窗口输入以下程序：

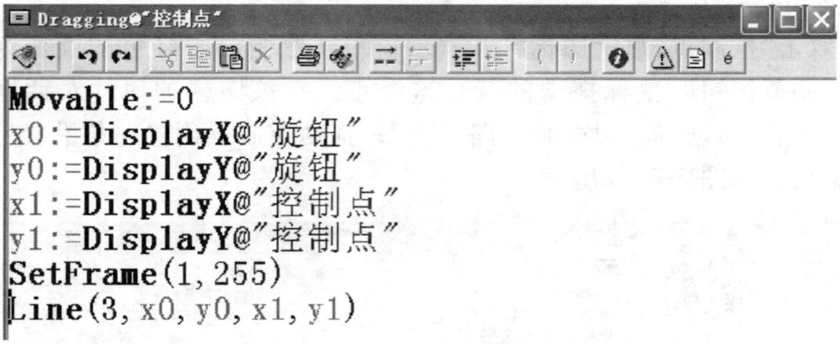

图 5-5-16　Dragging@“控制点”内容

(7)存盘后运行程序，用鼠标拖动调整点，就在旋钮的下部显示当前值，如图 5-5-17 所示。

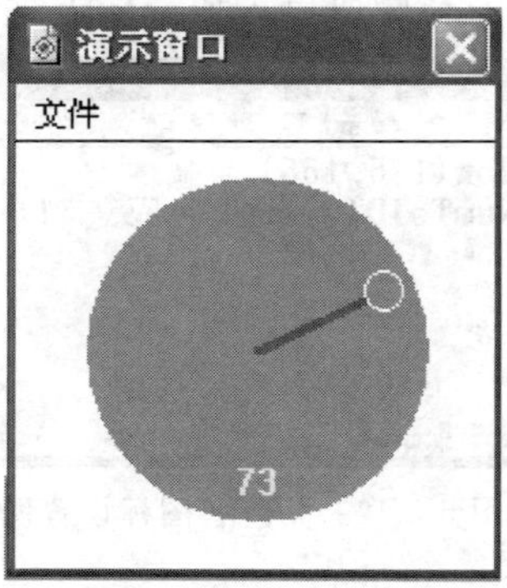

图 5-5-17　“旋钮 . a7p”效果

5.6　Authorware 程序的基本结构

5.6.1　形成循环结构程序的方法

利用判断图标的“重复”属性与“分支”属性形成循环结构程序。

示例：循环结构程序

设计步骤如下：

1. 程序流程如图 5-6-1 所示。

2. 操作步骤：

(1) 建立新文件并命名为“循环结构程序 . a7p”。

(2) 拖拽一个计算图标到流程线，命名为“赋初值”，在计算窗口输入

“n：＝0”，该变量用于保存循环次数。

（3）拖拽一个判断图标到流程线，命名为“循环”；再拖拽两个群组图标到判断图标右侧，分别命名为“QQ”和“钢笔”。

（4）双击“QQ”群组图标，打开二层流程窗口，拖拽一个显示图标和一个等待图标到流程线上，在显示图标中插入海葵图片，并输入文字信息“这是第{n}次循环！”，选中显示图标“属性”面板中的“更新显示变量”复选框；等待图标“时限”设为1s。同理，建立“钢笔”群组图标。

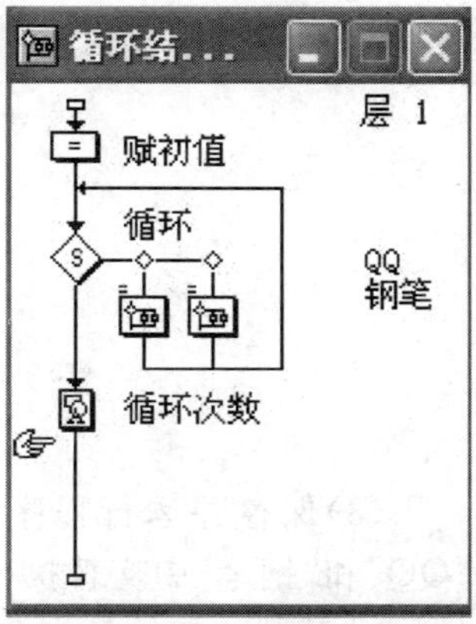

图 5-6-1　程序流程图

（5）分别选中“QQ”和“钢笔”分支群组图标，单击鼠标右键，选择“计算”命令，在计算窗口内输入“n：＝n＋1”，关闭计算窗口，使得分支执行一次，循环变量 n 就加 1。

（6）分别在两个分支标识的“属性”面板中将“擦除内容”设为“在下个选择之前”。

（7）拖拽一个显示图标到主流程线上，输入文字信息“最后一次循环的次数：第{n}次！”，选中显示图标“属性”面板中的“更新显示变量”复选框。

（8）设置判断图标属性，保存并运行程序，观察循环次数的变化。首先将“重复”属性设为“固定次数的循环”，循环 10 次；将“分支”属性依次设为不同的类型，观察变化，了解程序执行过程。（注：当分支选择“计算分支结构”时，输入框中必须输入 1 或 2，输入 1 则总是出现 QQ 图片，输入 2 则总是出现钢笔图片。）

再将“重复”属性改为“所有路径”，当将“分支”属性设为“顺序分支”时，可看到执行了 2 次循环；当将“分支”属性设为“随机分支”时，第一次执行了 2 次循环，第二次执行了 3 次循环，每次执行的循环次数都有所不同；而当“分支”属性设为“随机未用分支”时，循环次数总是两次。

5.6.2　形成判断结构程序的方法

操作步骤：

(1)打开上例源文件“循环结构程序 .a7p”，将其另存为“判断结构程序 .a7p”，并将判断图标名称由原来的“循环”改为“判断”。

（2）设置判断图标属性，如图 5-6-2 判断图标属性设置所示。首先将“重复”属性设为“直到判断值为真”，并在其输入框中输入变量：eval(若弹出新建变量对话框，点确定即可)。

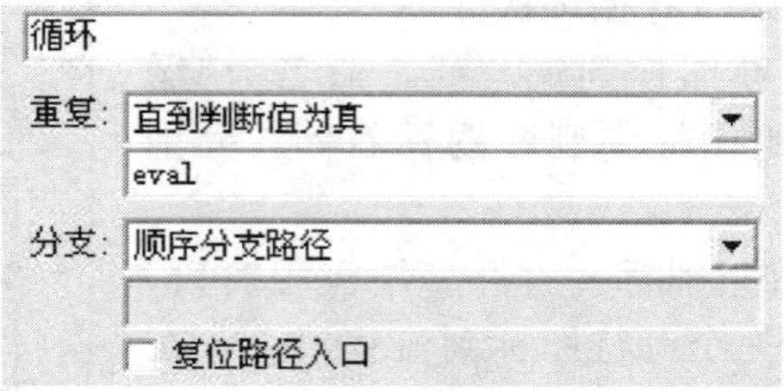

图 5-6-2　判断图标属性设置

(3)保存并运行程序，观察程序运行结果。程序不断地在两个分支路径“QQ”和“钢笔”中交替执行，但始终不会退出判断图标。这是由于新定义的变量 eval 其默认初始值为 0，也即为 false，因此判断值始终为真，故始终不会退出判断图标。

(4) 拖拽一个计算图标到判断图标右侧(在群组图标之后)，命名为“改变 eval 变量的值”，打开该计算图标，在其中输入：eval：＝TRUE，关闭该计算图标并保存。

(5)运行程序，观察循环次数的变化。可看到程序运行停止时显示：“最后一次循环的次数：第 2 次!”，程序首先执行了“QQ”群组图标分支，然后执行了“改变 eval 变量的值”群组图标分支，再执行“改变 eval 变量的值”计算图标分支，此时 eval＝true，满足判断值为真的条件，于是退出判断图标，程序执行到“循环次数”显示图标，并最终显示“最后一次循环的次数：第 2 次!”。程序的最终流程如图 5-6-3 判断结构程序流程图所示。

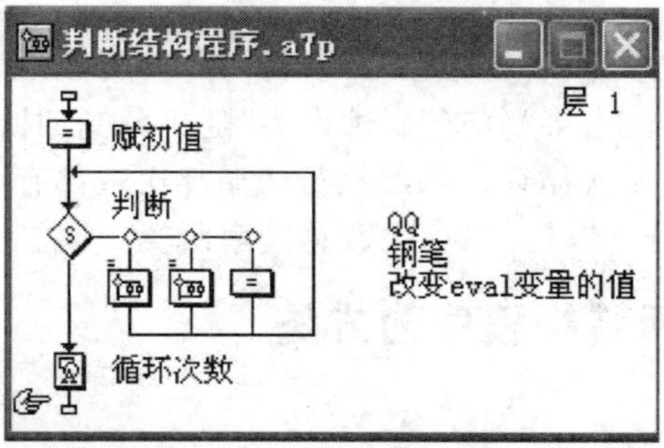

图 5-6-3　判断结构程序流程图

注：实际上该例中循环共执行了 3 次，由于循环到计算图标分支时，计算图标中 n 的值并未增加，所以最后仍然显示只执行了两次循环。读者可以思考一下如何才能使循环显示正确的次数：3 次。

5.6.3　形成分页结构程序的方法

框架图标中默认包含有显示图标、交互图标及导航图标等。框架最主要的作用就是用来实现分页，当然用其他方法也可以实现分页，但用框架来实现分页是最简单最快捷的方法。

示例：图片浏览器

设计步骤如下：

1. 程序的流程如图 5-6-4 所示。

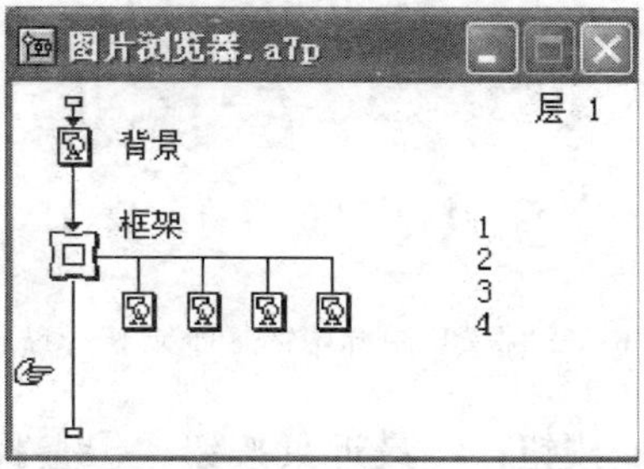

图 5-6-4　分页结构程序流程图

2. 操作步骤：

(1) 新建一文件，命名为“图片浏览器.a7p”。拖拽一个显示图标到主流程线上，并命名为“背景”，打开该显示图标，在其中画两个方框并放置一小图片做点缀。如图 5-6-5 背景图标内容所示。

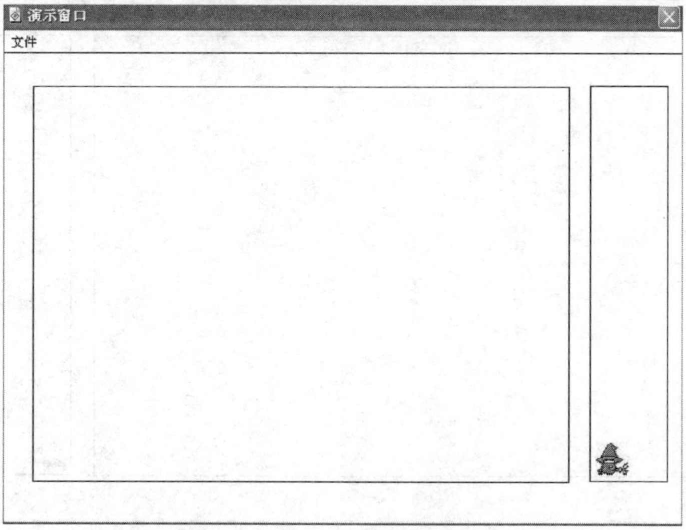

图 5-6-5　背景图标内容

(2) 拖拽一个框架图标到主流程线上“背景”图标之下，并命名为“框架”，打开该“框架”图标，里面有 8 个默认导航按钮，如图 5-6-6“框架”图标中的 8 个默认导航按钮所示，分别是：①返回按钮；②最近页按钮；③查找按钮；④退出框架按钮；⑤第一页按钮；⑥上一页按钮；⑦下一页按钮；⑧最后页按钮。

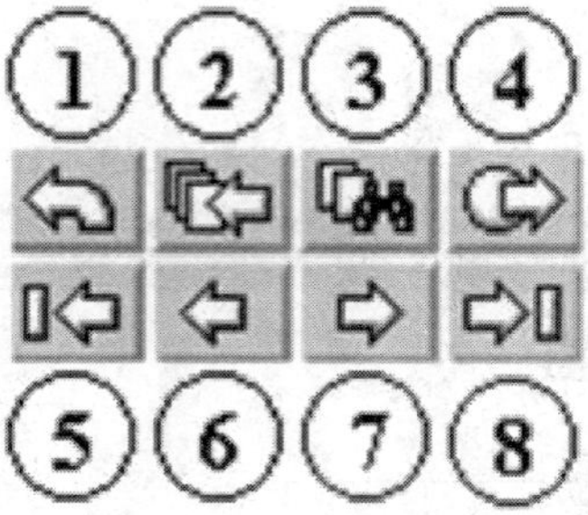

图 5-6-6 “框架”图标中的 8 个默认导航按钮

删除其中的：①返回按钮；②最近页按钮；③查找按钮；⑧最后页按钮。这样框架中就只保留有：④退出框架按钮(Exit framework)；⑤第一页按钮(First page)；⑥上一页按钮(Previous page)；⑦下一页按钮(Next page)四个按钮，调整四个按钮的位置，使其整齐地排列在“背景”显示图标的右侧方框中，如图 5-6-7 框架中按钮的位置所示。

图 5-6-7 框架中按钮的位置

拖拽一个计算图标到框架的退出层，命名为退出，打开该计算图标在其中输入：Quit()并保存。此时框架图标中的内容如图 5-6-8 框架图标内流程图所示。

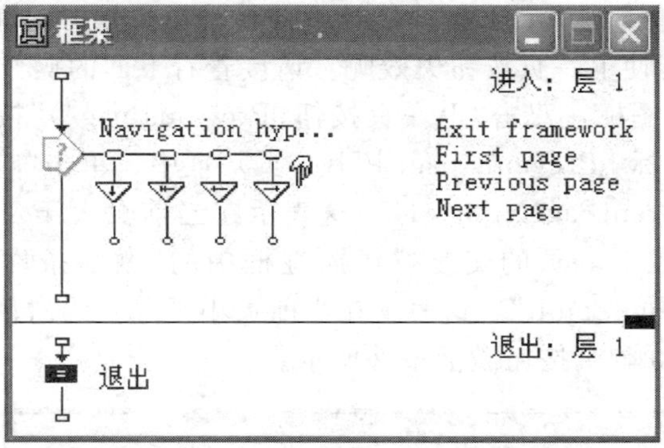

图 5-6-8　框架图标内流程图

(3) 拖拽四个显示图标到判断图标右侧，分别命名为“1”、“2”、“3”、“4”。打开每个显示图标，在其中各输入一张图片并调整到合适大小(运行时图片大小刚好和“背景”显示图标的左侧框架大小相当)。在图片的下方分别输入文字信息“第{CurrentPageNum}页”。分别右键单击这四个显示图标，选择“特效”命令，在弹出的特效对话框中选择一种你自己喜欢的特效(本例中选择的是水平百叶窗特效)。保存并运行程序，此时程序效果如图 5-6-9 图片浏览器效

图 5-6-9　图片浏览器效果

果所示。可分别单击四个按钮查看效果。当单击下一页按钮  到最后一页(第 4 页)时，若再单击一下该按钮，程序又重新显示第一页，如此循环往复。当程序已经处在第 4 页时，如何才能让下一页按钮失效。同理，当程序处在第 1 页时，如何才能使上一页按钮失效呢？请接着看下面的操作。

(4)打开框架图标，双击“上一页按钮(Previous page)”按钮交互，在打开的“属性：交互图标 [Previous page](上一页)”框中，单击“响应”，在“激活条件”框中输入“CurrentPageNum＞1”，这表示在当前页大于 1 的情况下激活上一页按钮。同理在下一页的交互按钮属性框中的“激活条件”框中输入“CurrentPageNum＜PageCount”，这表示在当前页小于总页码的情况下激活下一页按钮。如图 5-6-10 翻页按钮激活条件所示。

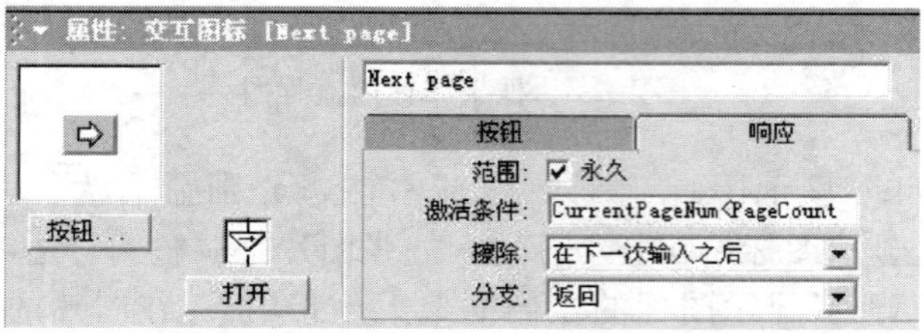

图 5-6-10　翻页按钮激活条件

(5)保存并运行程序，当前显示的即是第一页的内容，此时“上一页”按钮 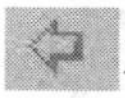 为灰色，这表示当前内容处在第一页时上翻页按钮无效。同理当程序显示最后一页内容时，则下翻页按钮无效。

注：该例子中用到的几个变量主要包括：CurrentPageNum(该变量存放在当前框架图标中最后显示页的序号，即当前页)、PageCount(该变量存放附着于当前或最近框架的页的数目)。

5.7 Authorware 中常用的系统变量、系统函数的使用技巧

系统变量是 Authorware 已经定义好的变量，用于存储计算机系统的日期、时间、响应信息、用户输入数据及其他有用信息，用户可根据需要调用系统变量。系统变量可在要使用的地方通过键盘输入，也可通过变量窗口查找及使用。用户可通过单击工具栏内的“变量”按钮打开“变量”浮动面板，如图 5-7-1变量浮动面板所示。

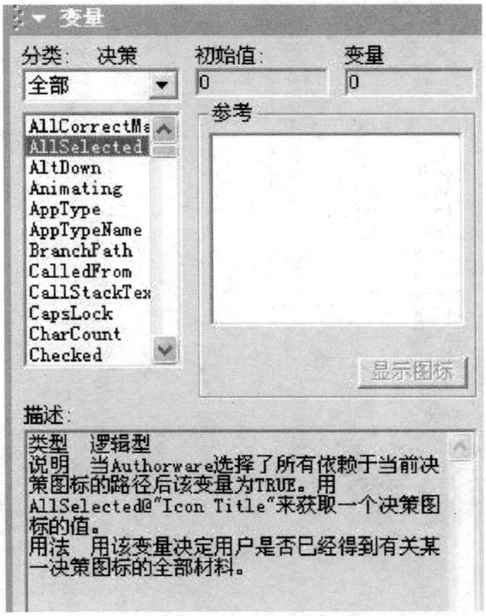

图 5-7-1　变量浮动面板

“分类”下拉列表框中列出可选择变量的类别，选定后，其下的列表框中将显示该类的系统变量名及当前程序的自定义变量名。“初始值”文本框显示该变量的初值，用户可修改自定义变量的初值。“变量”文本框显示变量的当前值。“参考”列表框中列出了当前程序中使用该变量的图标名。在“参考”列表框中选中某一图标后，单击“显示图标”按钮可转至程序设计窗口。变量的说明信息显示在“描述”列表框中，对于自定义变量，还可对说明信息进行修改。单击“粘贴”按钮可将选定的变量粘贴到指定位置。如果在文本对象中使用变量，则可显示系统变量或自定义变量的值，即在演示窗口中显示文本对象时，变量显示的是其值，而不是变量名。需要说明的是，在文本对象中使用变量需将变量名用“{}”括起来，否则系统将把它作为一般文本看待，如文本对象“这是第{n}次循环！”。另外，应选中所在图标“属性”面板中的“更新显示变量”复选框。

Authorware7.0 提供了 300 多个系统函数，用户可根据需要进行调用。系统函数可通过键盘输入，也可在“函数”浮动面板双击系统函数名或单击“粘贴”按钮调入。要想显示“函数”浮动面板，可单击工具栏的“函数”按钮，“函数”浮动面板的使用类似“变量”面板。如图 5-7-2 函数浮动面板所示。

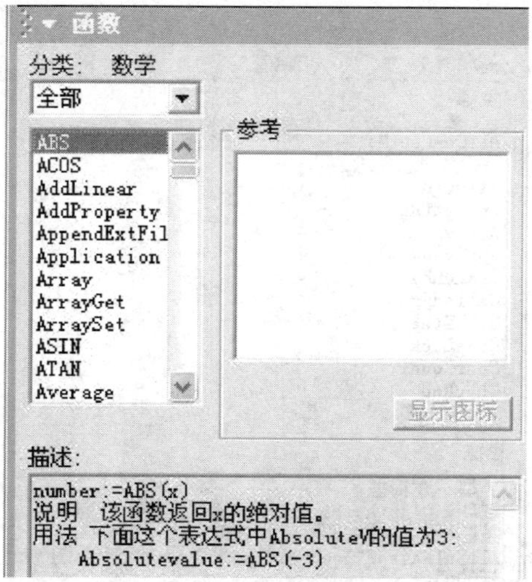

图 5-7-2 函数浮动面板

示例：常用的系统变量和系统函数

设计步骤如下：

1. 程序的流程如图 5-7-3 所示。

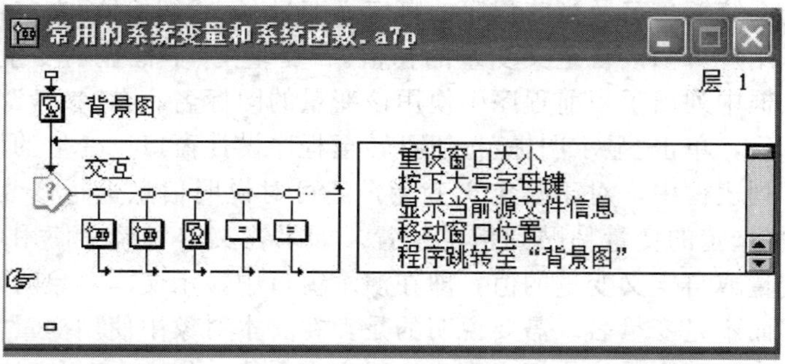

图 5-7-3 常用的系统变量和系统函数流程图

2. 操作步骤：

(1) 拖拽一个显示图标到主流程线上，命名为“背景图”，打开该显示图标，导入图片“背景图.gif”。在显示图标上单击鼠标右键，选择“特效”命令，在弹出的特效对话框中选择“垂直百叶窗式”后单击“确定”按钮。打开该显示图标的属性框，在“活动”的下拉列表中选择“在屏幕上”。

(2) 拖拽一个交互图标到主流程线上，命名为“交互”。

(3) 拖拽一个群组图标到交互图标右侧，命名为“重设窗口大小”。双击打开该群组图标，拖拽一个计算图标到该群组图标的主流程线上，命名为“重设窗口大小 resizewindow 函数”，打开该计算图标，输入如下代码：

origx：＝800

origy：＝600

ResizeWindow(origx，origy)

其中，origx 和 origy 是自定义变量，分别用来存储重设窗口后窗口的宽度值和高度值。

(4) 拖拽一个显示图标到“重设窗口大小 resizewindow 函数”显示图标下方，命名为“提示文字”。双击打开该显示图标，输入文字“请拖动图片到合适位置”。保存并运行程序，在运行结果中单击“重设窗口大小”按钮，窗口大小将变为 800 * 600 的大小，暂停程序，移动输入的文字“请拖动图片到合适位置”到窗口的最下方。

(5) 拖拽一个群组图标到“重设窗口大小”群组图标右侧，命名为“按下大写字母键”，打开该群组图标并拖拽一个显示图标到该群组图标的主流程线上，命名为“按键提示”，打开该显示图标，在其中输入“请尝试按 CapsLock 键”。

(6) 拖拽一个显示图标到“按下大写字母键”群组图标右侧，命名为“显示当前源文件信息”，打开该显示图标，输入如下文字：

这里用到了三个变量，分别是：FileName、FileLocation、FileSize

本文件的文件名称是“{FileName}”

本文件的位置在“{FileLocation}”

本文件的大小是“{FileSize}”

(7) 拖拽一个计算图标到“显示当前源文件信息”显示图标右侧，命名为“移动窗口位置”，打开该计算图标，输入代码“MoveWindow (ScreenHeight/2, ScreenWidth/2)”。

(8) 拖拽一个计算图标到“移动窗口位置”计算图标右侧，命名为程序跳转至“背景图”，打开该计算图标，输入代码 GoTo(IconID@“背景图”)。

(9) 拖拽一个计算图标到程序跳转至“背景图”计算图标右侧，命名为“退出程序”，打开该计算图标，输入“Quit()”。

(10)保存并运行程序，暂停程序，将窗口中的按钮整齐排列，再次保存并运行程序，单击各按钮查看程序运行结果。

5.8 Authorware 的调试与发布

打包多媒体作品，简单地讲就是把作品转换成可执行的程序，可以脱离 Authorware 环境独立运行。当然我们在打包多媒体作品时不但需要主程序，还需要其他支持文件，如 Xtras 文件、DLL 文件、外部媒体文件等，缺少所需的文件，作品将不能正常运行。例如，多媒体作品中的声音文件、数字化电影、视频文件等是作为外部文件引入的，那么我们在发布作品时必须把这些文件和主程序一起发布，否则会出现文件找不到的错误；对于多媒体作品中所用到的外置软件模块(Xtras、ActiveX 控件、UCD、DLL)，若作品中使用了第三方开发的过渡效果插件，发布作品时把所用到的 *.X32 文件复制到 Xtras 文件夹下即可、用到的外部函数 UCD、动态链接库 DLL 一般复制到主程序所在的目录下(如，引入 GIF 动画必须带上 Awiml32.dll 文件，引入动画精灵则需要 Msagent.u32 文件等)。

下面介绍常规的打包方法操作步骤：

1. 打开一个需要打包的多媒体作品。

2. 选择菜单“文件→发布→打包文件”，出现“打包文件”对话框，如图 5-8-1打包文件对话框所示。

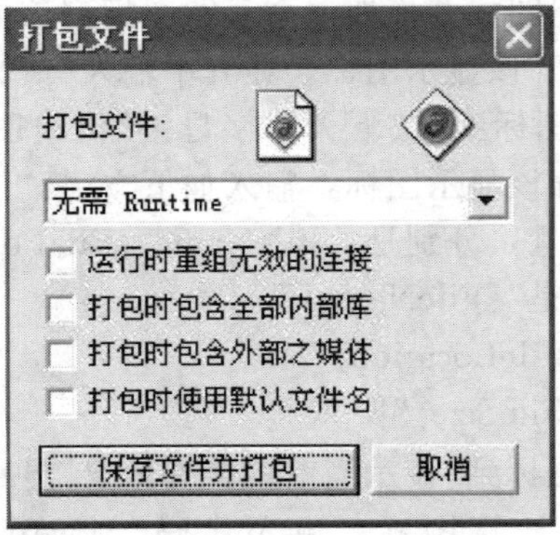

图 5-8-1　打包文件对话框

其中“打包文件”对话框中下拉列表框作用是：将作品打包成不同的类型，如图 5-8-2 打包文件对话框所示。

图 5-8-2　打包文件对话框

(1)无须 Runtime：打包后的扩展名为“a7r”，需要用 RUNA7W 程序来运行打包的文件。

(2)应用平台 Windows XP，NT 和 98 不同：打包后的扩展名为“EXE”，可独立在“windows XP”或“windows NT”等操作系统中运行。

在下拉列表框的下方有四个列表框，名称和作用如下：

(1)运行时重组无效的链接：在运行程序时，恢复断开的链接。

(2)打包时包含全部内部库：将当前课件链接的所有库文件成为打包文件的一部分。

(3)打包时包含外部之媒体：将当前课件中使用的外部媒体成为打包的一部分，但不包括数字电影和 Internet 上的媒体文件。

(4)打包时使用默认文件名：选中的话，自动用被打包的文件名作为打包的文件名。

3. 设置完毕后单击“保存文件并打包”按钮，弹出“文件保存”对话框，单击“保存”后 AW 开始打包动作。

下面介绍第二种打包方法，一键发布。在发布之前，Authorware 将对程序中所有的图标进行扫描，找到其中用到的外部支持文件，如 Xtras、Dll 和 UCD 文件，还有 AVI、SWF 等文件，并将这些文件复制到发布后的目录。

发布的具体步骤如下：

(1)选择菜单“文件→发布→发布设置”命令，Authorware 首先对程序中所有的图标进行扫描，然后将出现“发布设置”对话框。在对话框中做如图 5-8-3 所示设置。

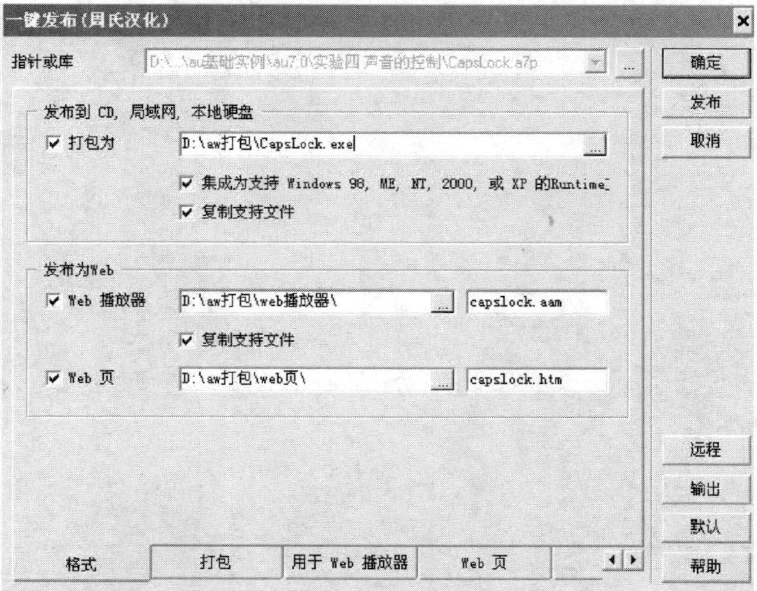

图 5-8-3　一键发布设置框格式页设置

“格式”页签中，是关于发布文件类型的一些设置。“用于 Web 播放器”页签中，可以设置发布后每一块文件的大小，根据不同的网络链接速度，将文件分为不同大小的多个文件。使得在网速较慢时也能流畅播放。“Web 页”页签是关于发布 HTM 文件的一些选项。你的 Authorware 程序将被链接到这个 HTM 文件中，但是在浏览时需要用户安装了 Authorware Web Player 才能正确浏览，如果用户机器上没有 Authorware Web Player，将提示用户下载，这一点和 Flash 的 SWF 插入网页是相似的。在“文件”页签中，可以看到当前应用程序的一些支持文件，如 Xtras、Dll 和 UCD 等，文件发布时必须将这些文件同时发布才能保证不会出现意外的错误。当然你也可以通过“加入文件按钮”自己在其中手动添加一些文件，如使用说明书、帮助文档等。

(2)设置好后，按“发布”按钮，应用程序就成功发布了，发布成功一般会生成两个多媒体作品版本，一个是 Windows 单机版本，另一个是网络版。

实验六 网络课程的开发

一、学习目标

1. 熟悉 CoolEdit 软件。

其他：带麦克风的耳机、软件，了解其基本功能。

2. 会用 Dreamweaver cs3 制作静态的网络课件。

二、训练任务

制作静态网络课件。

三、操作环境

操作系统：Windows XP

工具软件：CoolEdit 软件

其他：带麦克风的耳机

6.1 新建站点

1. 打开 Dreamweaver cs3(后面简称为 dw)中文版后，选择“站点→新建站点”菜单，弹出新建站点框，给站点起一个英文名字：course。如图所示。

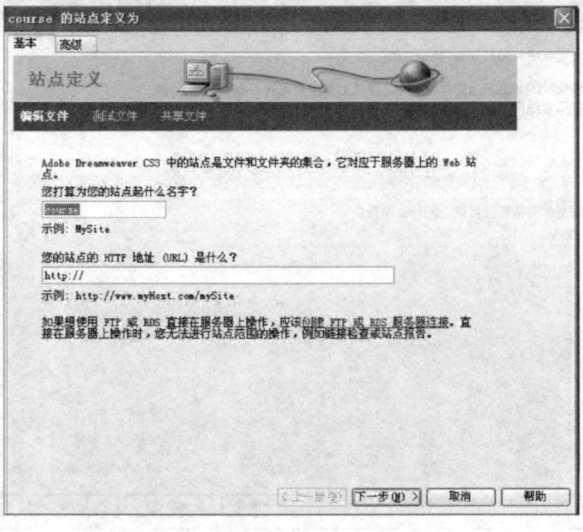

图 6-1-1 新建“course”站点

2. 单击“下一步”可进入下一步的设置，每一步的设置如图 6-1-2～图 6-1-5 所示。

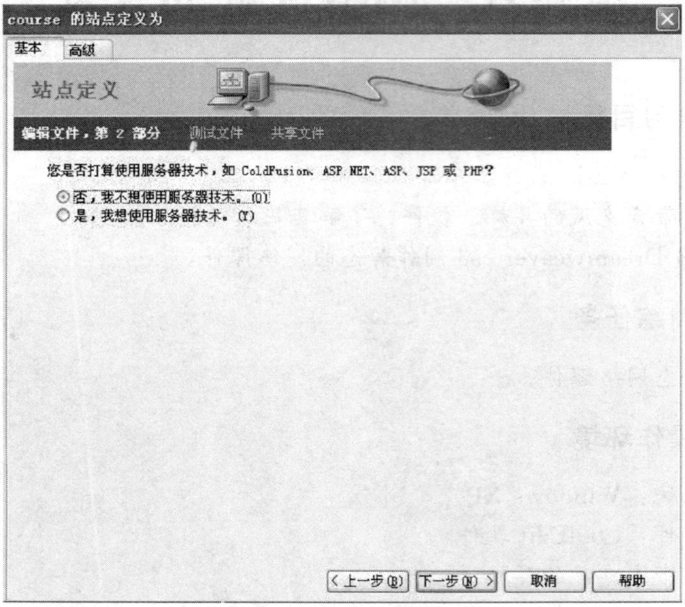

图 6-1-2　站点属性设置(1)

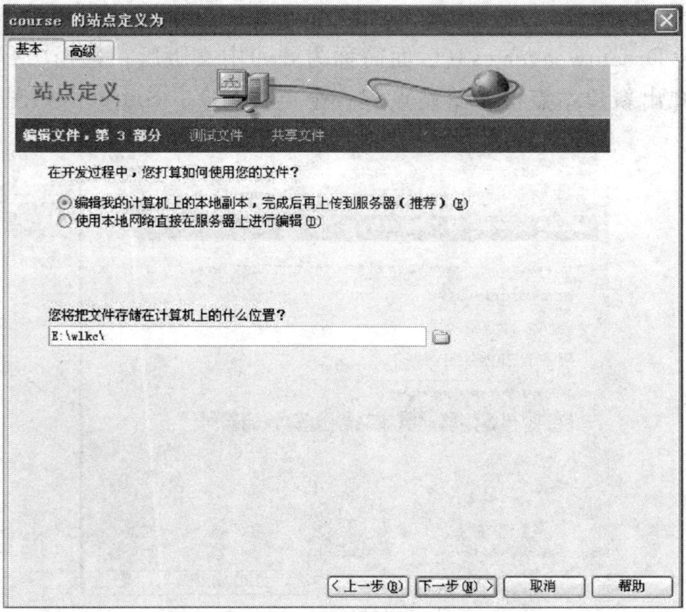

图 6-1-3　站点属性设置(2)

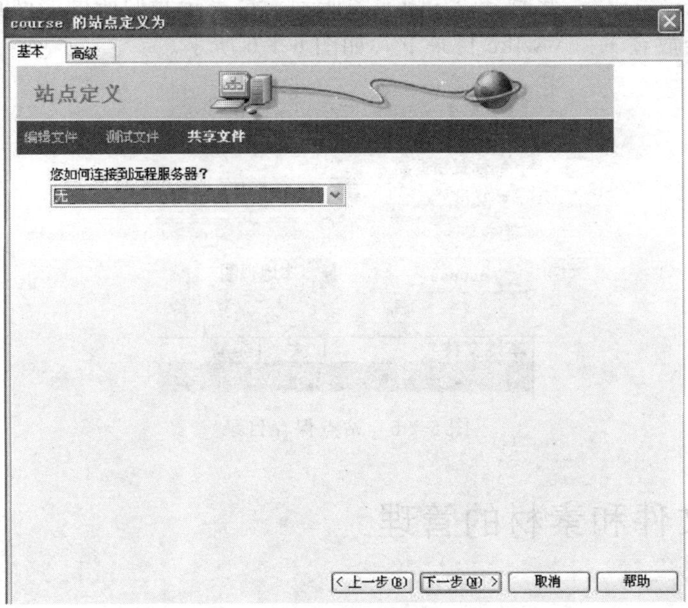

图 6-1-4　站点属性设置(3)

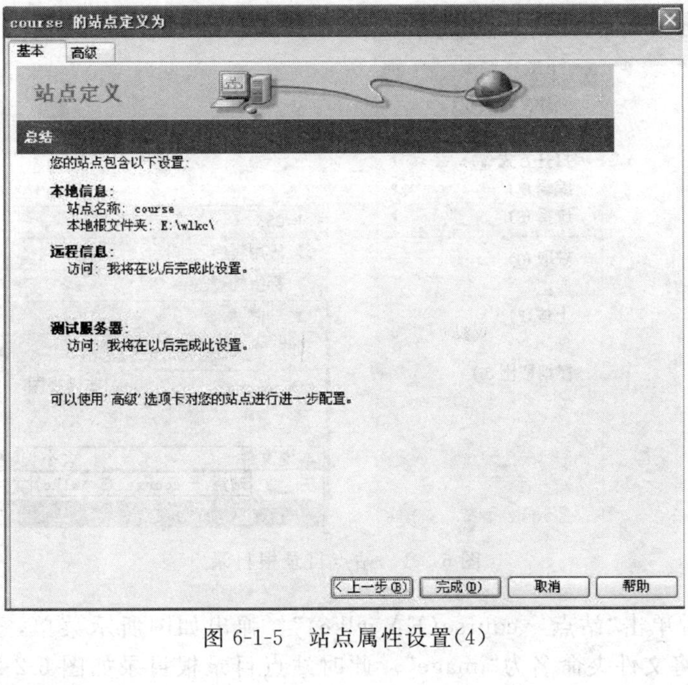

图 6-1-5　站点属性设置(4)

3. 单击“完成”，此时 dw 右侧如图所示。这表示我们所做的网页以及用到的素材将会放在 E：\ wlkc 目录下，如图 6-1-6 所示。

图 6-1-6　站点保存目录

6.2　文件和素材的管理

1. 右键单击“站点－course(E:\ wlkc)”，弹出如图所示菜单，选择“新建文件”并将文件命名为 index. html。此时站点目录根目录，如图 6-2-1 所示。

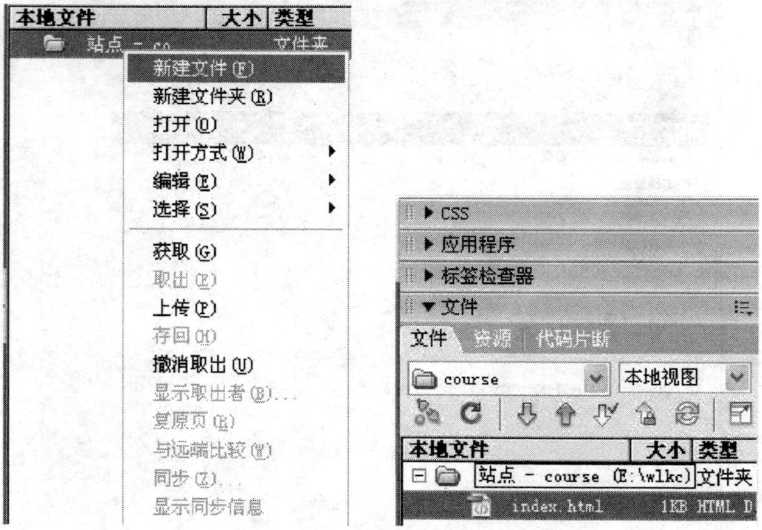

图 6-2-1　站点目录根目录

2. 右键单击“站点－course(E:\ wlkc)”，弹出如图所示菜单，选择“新建文件夹”并将文件夹命名为“image”。此时站点目录根目录如图 6-2-2 所示。这样 E:\ wlkc 就将有一个空文件夹：image。

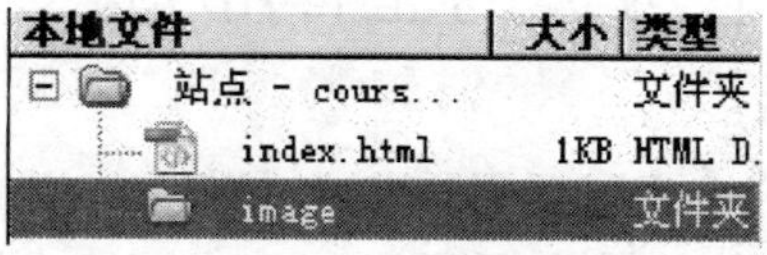

图 6-2-2 “image”站点目录根目录

3. 打开“我的电脑”，进入 E:\ wlkc \ image，将要用到的图片素材拷贝到 image 文件夹下(以后此网站中用到的图片都放入该文件夹下)。回到 Dreamweaver 中的站点根目录下，此时站点如图 6-2-3 所示。(注：若 image 下的图片未显示，请单击刷新图标)

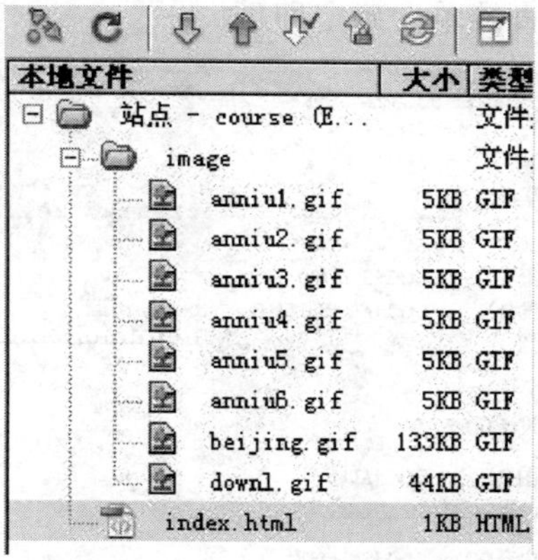

图 6-2-3 image 文件夹素材库

4. 由于“anniu5. gif”网页中并不需要，因此右键单击“anniu5. gif”，选择“编辑→删除”，将“anniu5. gif”从 image 目录中删除。

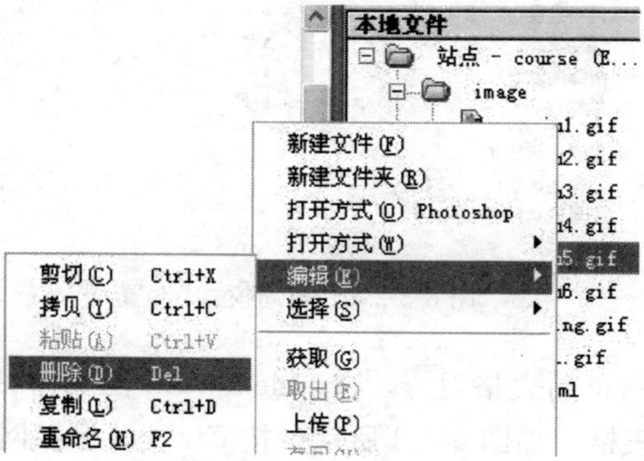

图 6-2-4 删除“anniu5. gif”

6.3 布局模式下网页的整体布局

1. 双击打开 index. html 网页文件，单击布局，此时红色方框处的布局单元格和布局表格都是灰色的(表示不可用)，如图 6-3-1 所示。

图 6-3-1 布局单元格和布局表格

2. 选择“查看→表格模式→布局模式”，如图 6-3-2 所示。此时会弹出从布局模式开始提示框，直接单击确定即可。

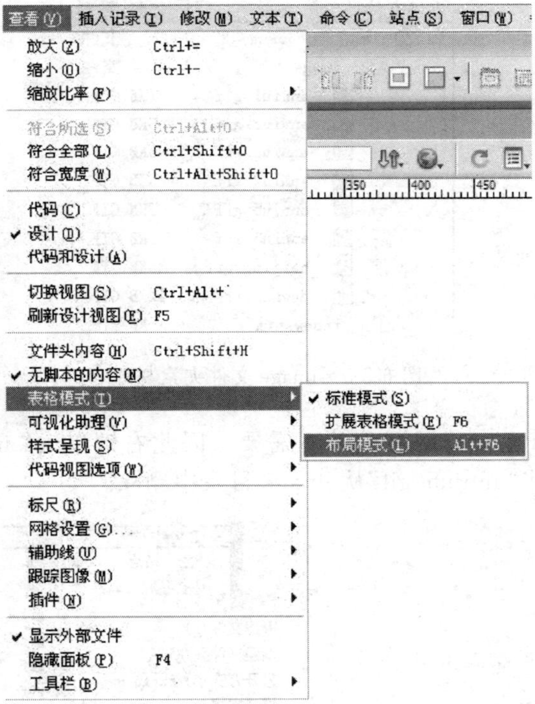

图 6-3-2 “布局模式”设置

3. 选择“绘制布局表格”，在 index. html 网页中按住鼠标左键拖动一任意大小的布局表格。如图 6-3-3 所示。按 Ctrl+S 保存网页。(注：以后每步操作都暗含保存操作，不再作说明)

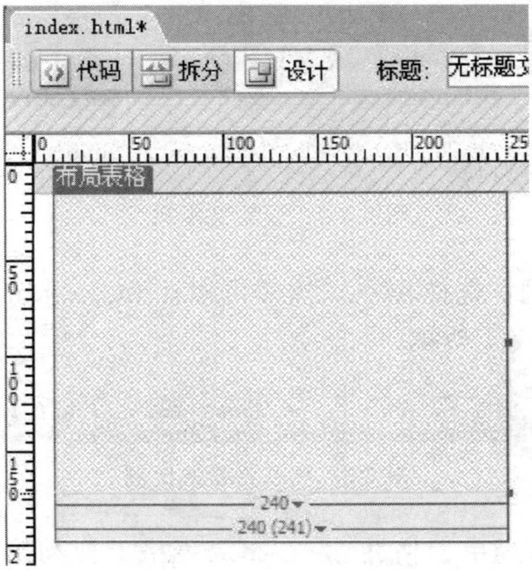

图 6-3-3　绘制布局表格

4. 在布局单元格的属性中设置刚才所做布局单元格的大小分别为 800、600。如图 6-3-4 所示。

图 6-3-4　设置布局单元格大小

5. 选择“绘制布局单元格”，在布局表格上按住鼠标左键拖动一恰当大小的布局单元格，在布局单元格中输入“摄像技术教程”。如图 6-3-5 所示。

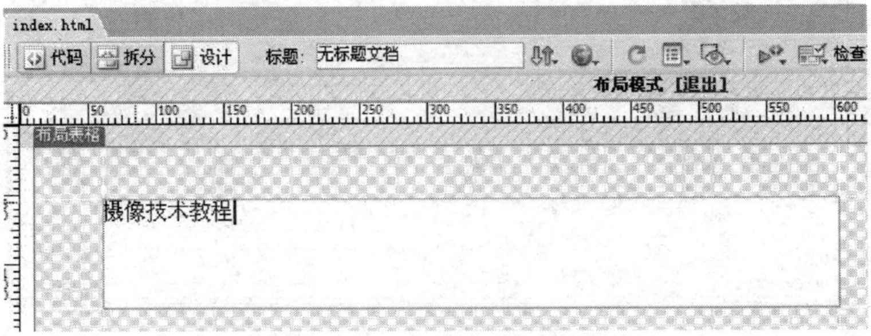

图 6-3-5　输入文本

6. 选中“摄像技术教程”文字，在属性框中设置文字的大小及颜色等。如图 6-3-6 所示。

图 6-3-6　设置文本属性

7. 单击缩放比例，选择 66%，这样可以让 index. html 的整个文档区域全部显示出来。如图 6-3-7 所示。

图 6-3-7　设置缩放比例

8. 选择“绘制布局单元格”，在布局表格上拖动出 5 个大小为：366 * 61 大小的布局单元格，位置如图 6-3-8 所示。

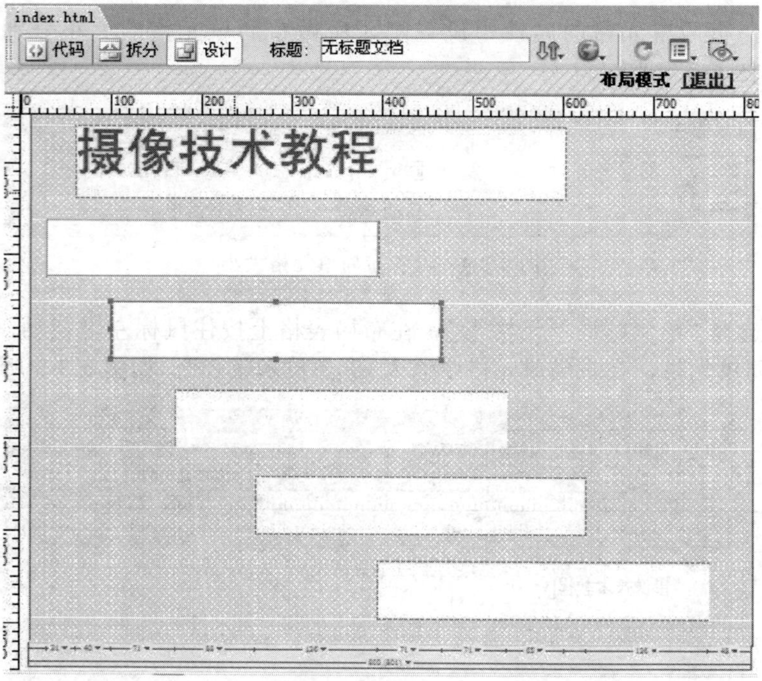

图 6-3-8　布局单元格效果图

9. 鼠标左键单击第一个单元格的空白处，使光标停留在第一个单元格里面。选择“插入记录→图像”，在弹出的选择图像源文件中选择“anniu1. gif”，单击确定。重复上述操作将其余按钮图片全部插入到对应的单元格中。如图 6-3-9所示。

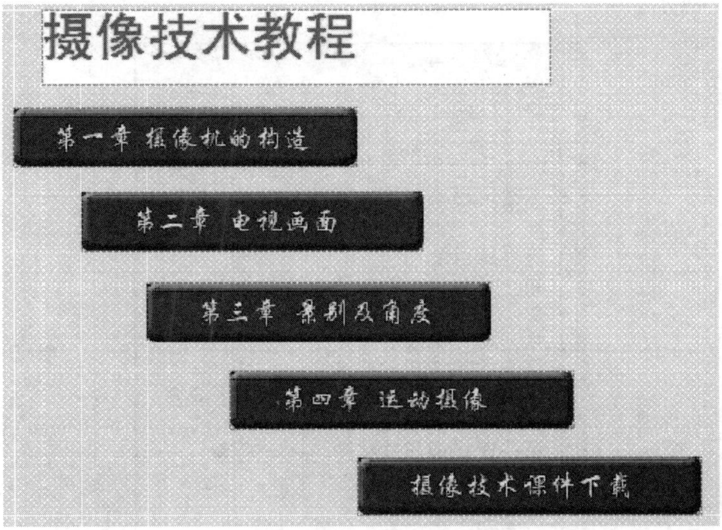

图 6-3-9　单元格中输入文本

6.4　制作网页中的链接

1. 在站点根目录下新建 4 个网页文件，分别取名“chap1. html”，“chap2. html”，“chap3. html”，“chap4. html”。

2. 选中第一个按钮图片(anniu1. gif)，在图片的属性框中，单击链接中的图标，在弹出的选择文件对话框中选择“chap1. html”网页文件，然后单击确定。“目标”的下拉列表框选择“_ blank”(这表示单击链接时，会在新的浏览器窗口中打开该链接)此时图片的属性框如图 6-4-1 所示。同样的操作可使图片 anniu2. gif，anniu3. gif，anniu4. gif 分别链接到“chap2. html”，“chap3. html”，“chap4. html”。

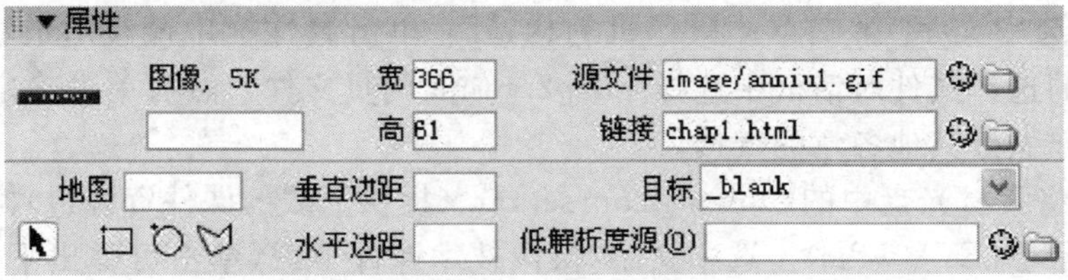

图 6-4-1　图片属性的设置

3. 找到光盘中的文本文档“第一章的文本内容 .txt”，将其中的内容全部复制下来。双击打开 chap1. html，把刚才复制的内容粘贴到 chap1. html 中。如图 6-4-2 所示。

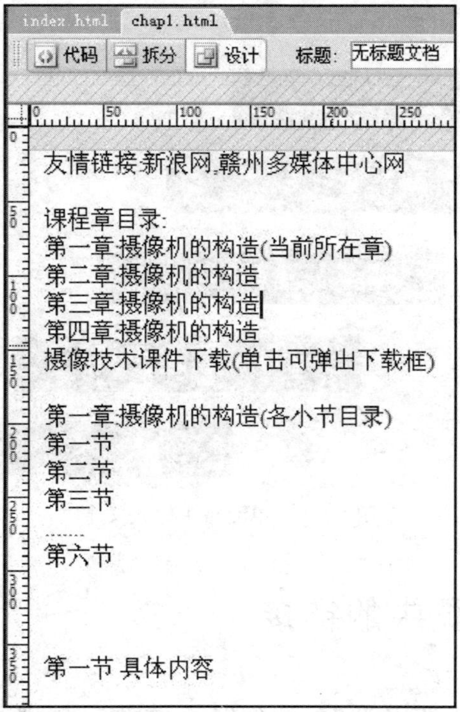

图 6-4-2　效果图

4. 选中“新浪网”三个字，在属性框中的链接中输入 http：//www. sina. com(注意：http 一定不能省略)。目标选择“ _ blank”。

5. 选中文字“赣州多媒体中心”，在属性框中的链接中输入 http：//www. gzdmtzx. com。

(思考：按 F12 运行网页，单击“新浪网”的超级链接和单击“赣州多媒体中心”的超级链接运行结果有何异同)

6. 选中文字“第二章：摄像机的构造”，单击属性框中链接后的图标，在弹出的选择文件对话框中选择“chap2. html”网页文件，然后单击确定。用同样的操作做好其他各章的链接。

7. 将素材光盘中的“down _ course. rar”(提供下载的课件资源包)拷贝到站点根目录下(E：\ wlkc)。选中文字“摄像技术课件下载(单击可弹出下载框)”，单击属性框中链接后的图标，在弹出的选择文件对话框中选择“down _

course. rar”压缩包文件，然后单击确定。按 F12 运行网页，单击“摄像技术课件下载(单击可弹出下载框)”超链接，将会弹出下载框，如图 6-4-3 所示。

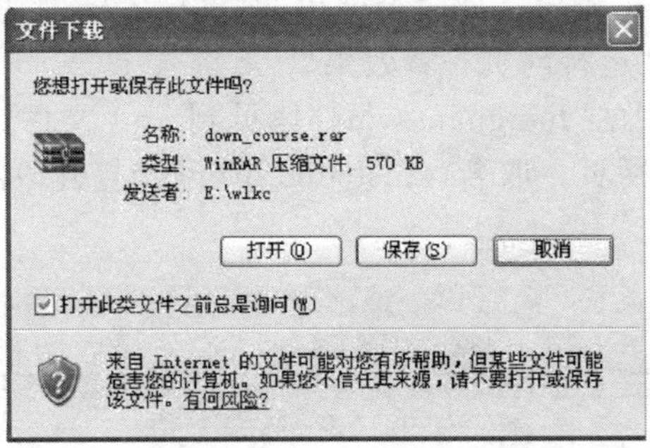

图 6-4-3　超链接下载框

8. 把光标停在“第二节 具体内容”文字前，选择“插入记录→命名锚记”菜单。在“锚记名称”框中，键入锚记的名称(jie2)，然后单击“确定”，如图所示。锚记标记在插入点处出现。(注：锚记名称不能包含空格；如果看不到锚记标记，可选择“查看→可视化助理→不可见元素”。)

9. 选中文字“第二节”，在属性框中输入“＃jie2”。F12 运行网页，当单击“第二节”命名锚记链接时，浏览器将自动跳转到“第二节 具体内容”处。

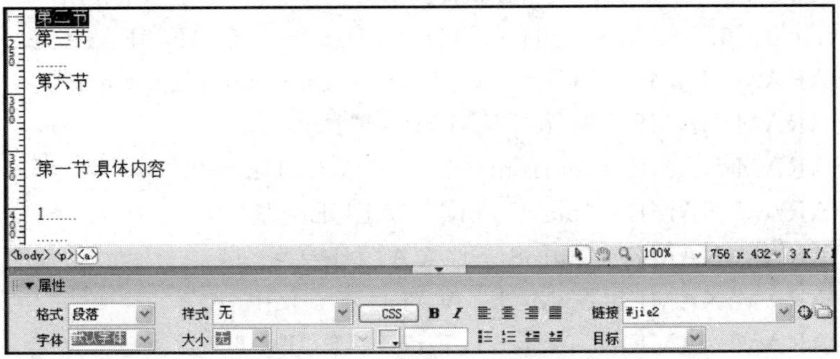

图 6-4-4　设置“第二节”链接

6.5　在网页中插入多媒体素材

对于图片的插入，在“6.3 布局模式下网页的整体布局”中的步骤 9 中已有说明。下面我们主要介绍在网页中插入视频、音频和 flash 动画。

1. 在站点根目录下新建一文件夹，取名“dmt”，把光盘素材中的

“logo. swf”拷贝到 dmt 文件夹中(E:\ wlkc \ dmt)，把光标停在“赣州多媒体中心”下。选择菜单“插入记录→媒体→flash”，在弹出的“选择文件”对话框中，选择“logo. swf”，单击确定。此时会弹出“对象标签辅助功能属性”框，直接单击确定即可。按 F12 运行网页查看效果。

2. 把光盘素材中的“liangjian. wmv”拷贝到 dmt 文件夹中。在站点根目录下(E:\ wlkc)新建一网页，取名“xinshang. html”，打开该网页并切换到代码视图，如图 6-5-1 所示。

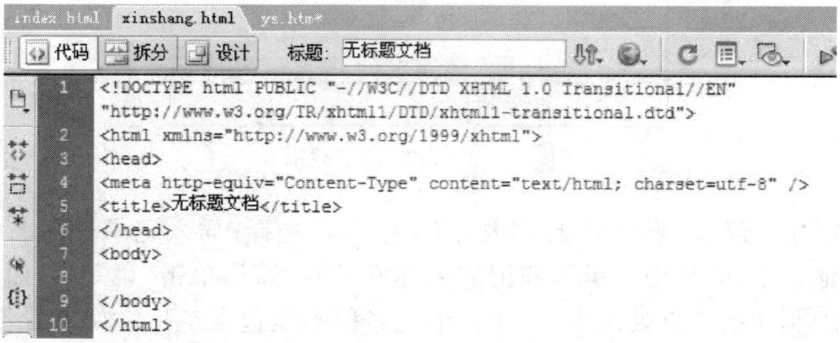

图 6-5-1 切换到代码视图

3. 在“＜body＞”和“＜/body＞”之间输入如下代码：

```
＜OBJECT id = PTMediaPlayer width = " 100%" height = " 100%" classid=clsid：6BF52A52－394A－11D3－B153－00C04F79FAA6＞
＜PARAM NAME="URL" VALUE="dmt/liangjian. wmv"＞
＜PARAM NAME="rate" VALUE="1"＞
＜PARAM NAME="currentPosition" VALUE="0"＞
＜PARAM NAME="playCount" VALUE="7"＞
＜PARAM NAME="autoStart" VALUE="－1"＞
＜PARAM NAME="uiMode" VALUE="full"＞
＜PARAM NAME="stretchToFit" VALUE="－1"＞
＜PARAM NAME="enableContextMenu" VALUE="－1"＞
＜/OBJECT＞
```

按 F12 运行网页，可看到网页中嵌入了一 Windows mediaplay 播放器，并正在播放电视连续剧《亮剑》中的片段。声音的播放可用同样的方法，只是需要将 liangjian. wmv 改成相对应的声音的文件名即可。

6.6　网络课程的修改和完善

要完成“摄像技术”这门网络课程的开发还需要添加很多内容，很多页面和链接还需要制作。我们这里只以页面美观的角度为例(以首页 index. html 的修改和完善为例)来对网络课程进行修改和完善。开始操作前先将光盘中的“beijing. gif”图片拷贝到站点根目录下的 image(E：\ wlkc \ image)文件夹中。

1. 在 dreamweaver cs3 中打开 index. html 网页，按 F12 运行网页，其效果如图 6-6-1 所示。由于文字和按钮下没有底图，所以网页没有整体感。另外整个网页的内容也并不在浏览器的中间位置，而是在浏览器的左边显示。

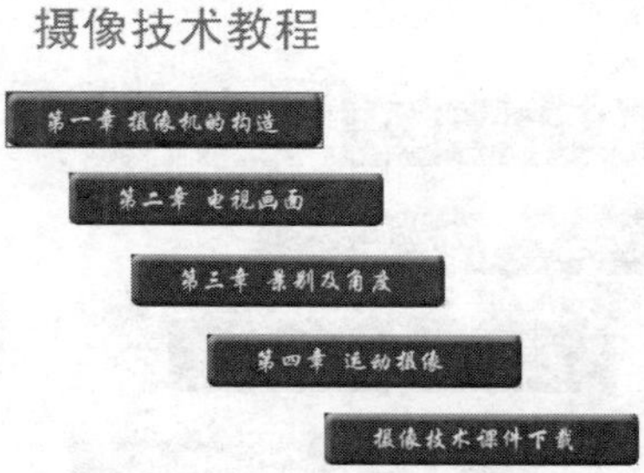

图 6-6-1　网页运行效果图

2. 选中 index. html 中的布局表格，然后选择菜单“查看→表格模式→标准模式”，将当前模式切换到标准模式，此时 index. html 如图 6-6-2 所示。

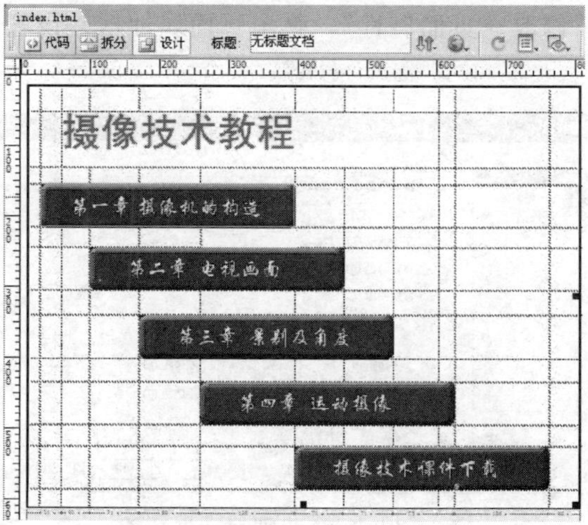

图 6-6-2　切换到标准模式

3. 单击表格的属性框中背景后的图标，选择 image 文件夹中的“beijing. gif”，如图 6-6-3 所示。这样布局表格下就有一个底图。

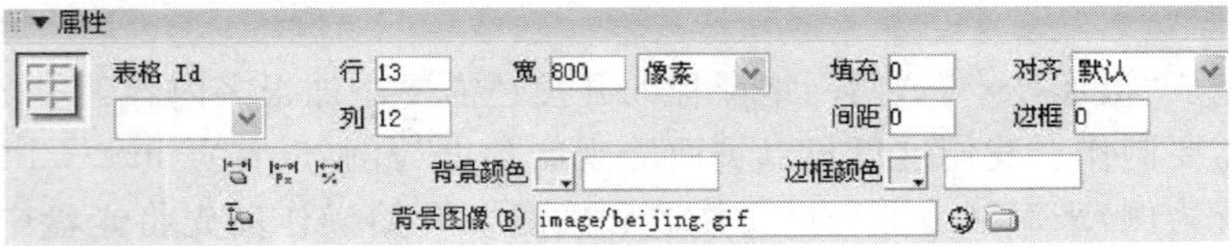

图 6-6-3　导入背景图

4. 按 F12 运行网页，查看其效果，如图 6-6-4 所示。

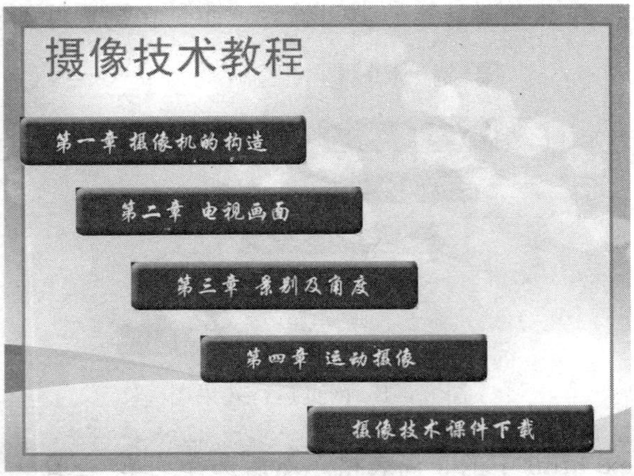

图 6-6-4　效果图

5. 选择菜单“修改→页面属性”，弹出页面属性框。设置恰当的背景颜色。如图 6-6-5 所示。

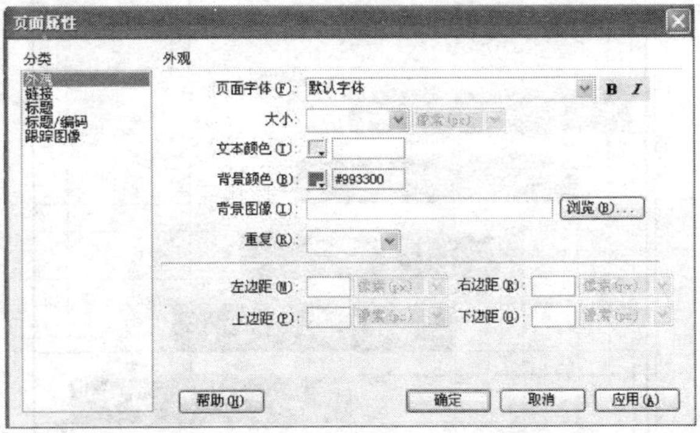

图 6-6-5　页面属性框